chiba

千葉 カフェ日和

Cafe

改訂版

ときめくお店案内

オフィス・クリオ・著

MATES-PUBLISHING

大らかに迎え入れてくれる
海カフェのマスターに会いに行く…

1章 海カフェ P014～

静かに時をきざむ
山カフェのマスターに会いに行く…

2章 山カフェ P050～

いつもそこにいてくれる
街カフェのマスターに会いに行く…

3章 街カフェ P072～

千葉 カフェ日和 ときめくお店案内 改訂版

CONTENTS

※本書は2018年発行の『千葉 カフェ日和 ときめくお店案内』をもとに情報更新・一部必要な修正を行い、改訂版として新たに発行したものです。

1章

海カフェ

2章

山カフェ

海、山、街とそれぞれに魅力のある千葉のカフェ。
本誌を片手に、おさんぽ気分でカフェめぐりを楽しんでください。
きっと、ステキな笑顔の店主やスタッフに出会えます。

3章

街カフェ

カフェさんぽ

【column】

千葉 カフェ日和 ときめくお店案内 改訂版

路線MAP

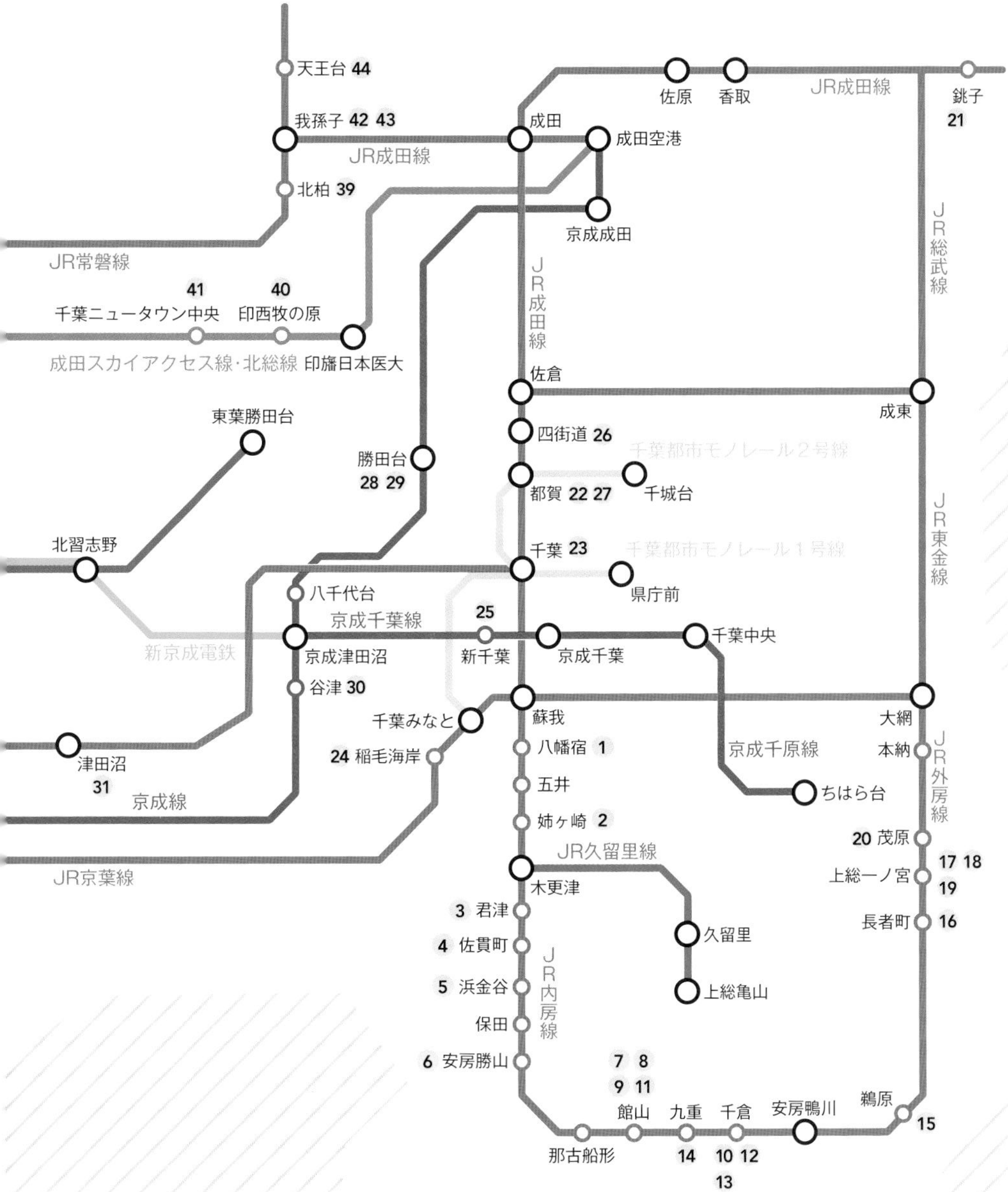

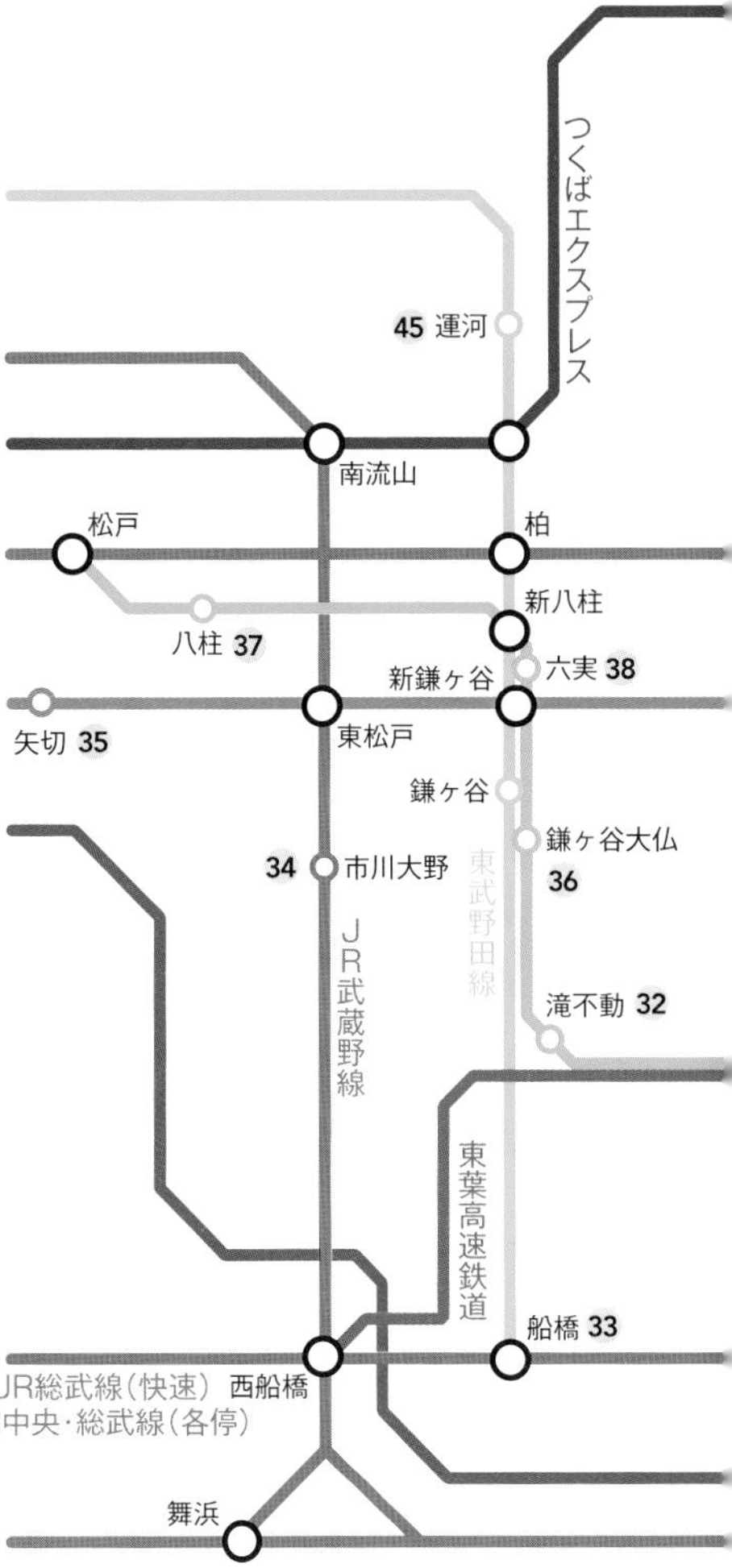
つくばエクスプレス
45 運河
南流山
松戸
柏
新八柱
八柱 37
六実 38
新鎌ヶ谷
矢切 35
東松戸
鎌ヶ谷
鎌ヶ谷大仏
36
34 市川大野
東武野田線
JR武蔵野線
滝不動 32
東葉高速鉄道
船橋 33
JR総武線（快速） 西船橋
JR中央・総武線（各停）
舞浜

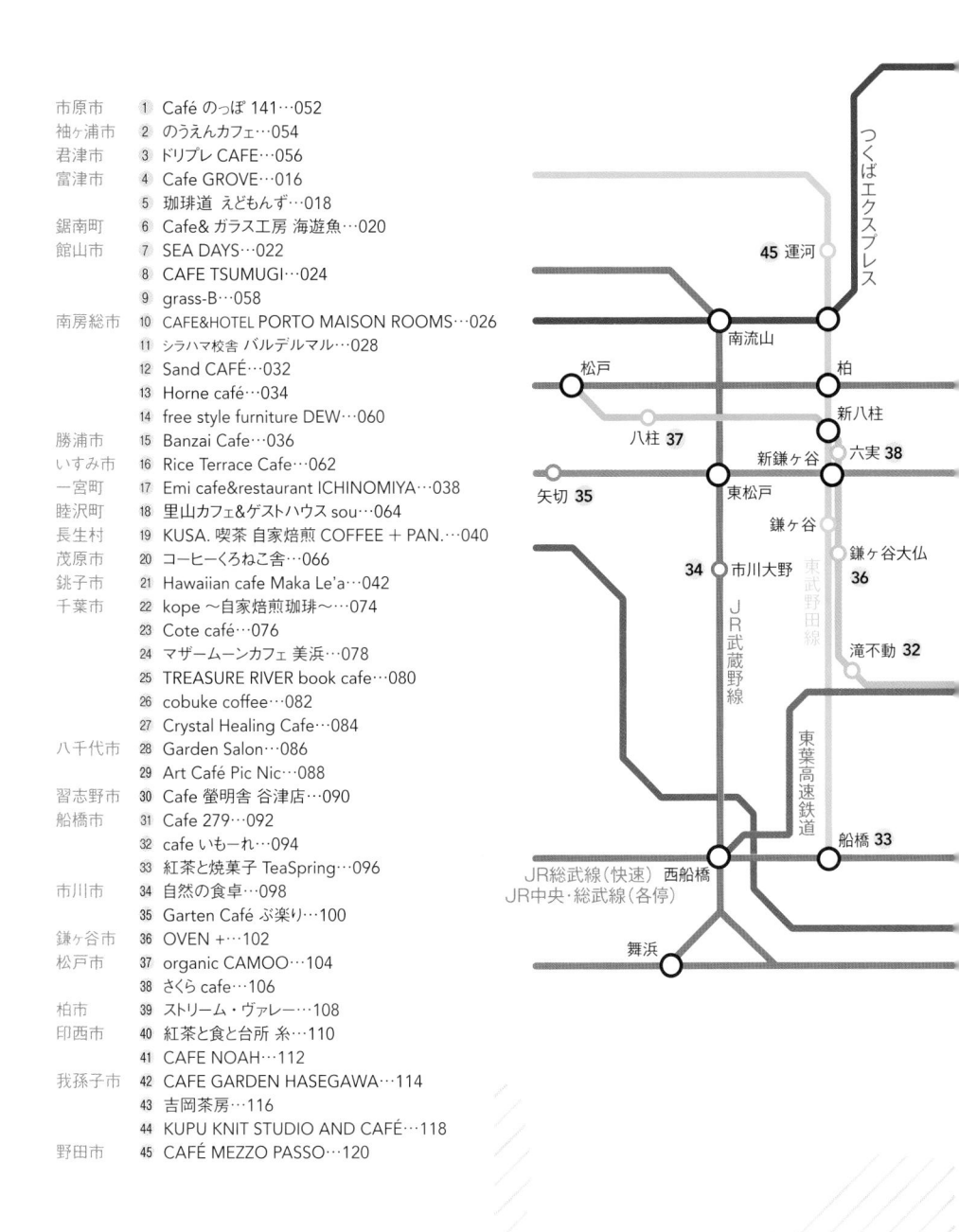

千葉 カフェ日和 MAP

ときめくお店案内 改定版

＊本誌で詳しくは紹介していませんが、訪ねてほしいカフェもMAPに載せています。次ページの「まだまだあります」コーナーを参照してください。

＼ まだまだあります ／

❶ MOKUYOSYA Canon

築 200 年以上の古民家を改装したカフェ。
0436-74-4440
㊟ 市原市潤井戸 1105-1

❹ Vert Foncé

森の中にあり山小屋のような趣のカフェ。
0438-52-2225
㊟ 木更津市矢那 2082

❺ ジヴェルニー

花と緑に彩られた丘の上のカフェ。パスタが人気。
0439-32-2911
㊟ 君津市長石 516-1

❼ 郷里

里山の風景になじむ築 150 年の古民家カフェ。
0439-27-4333
㊟ 君津市向郷 101

㉑ 枇杷倶楽部カフェレストラン

「道の駅とみうら」内。ビワカレーやビワソフトが人気。
0470-33-4611
㊟ 南房総市富浦町青木 123-1

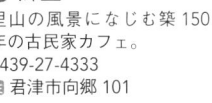

57 cafe merci
オーストラリアコーヒーとラテアートにこだわる。
04-7158-6750
住 流山市南流山 1-7-6

59 Cafe Sokeri
カフェと北欧雑貨を買う楽しみが同時に味わえる。
043-486-1147
住 佐倉市江原 497

60 Cafe Sucre
ゆとりある大人の女性が似合う北欧的空間のカフェ。
043-308-8788
住 佐倉市城内町 91-11

千葉 カフェ日和 ときめくお店案内 改訂版 MAP

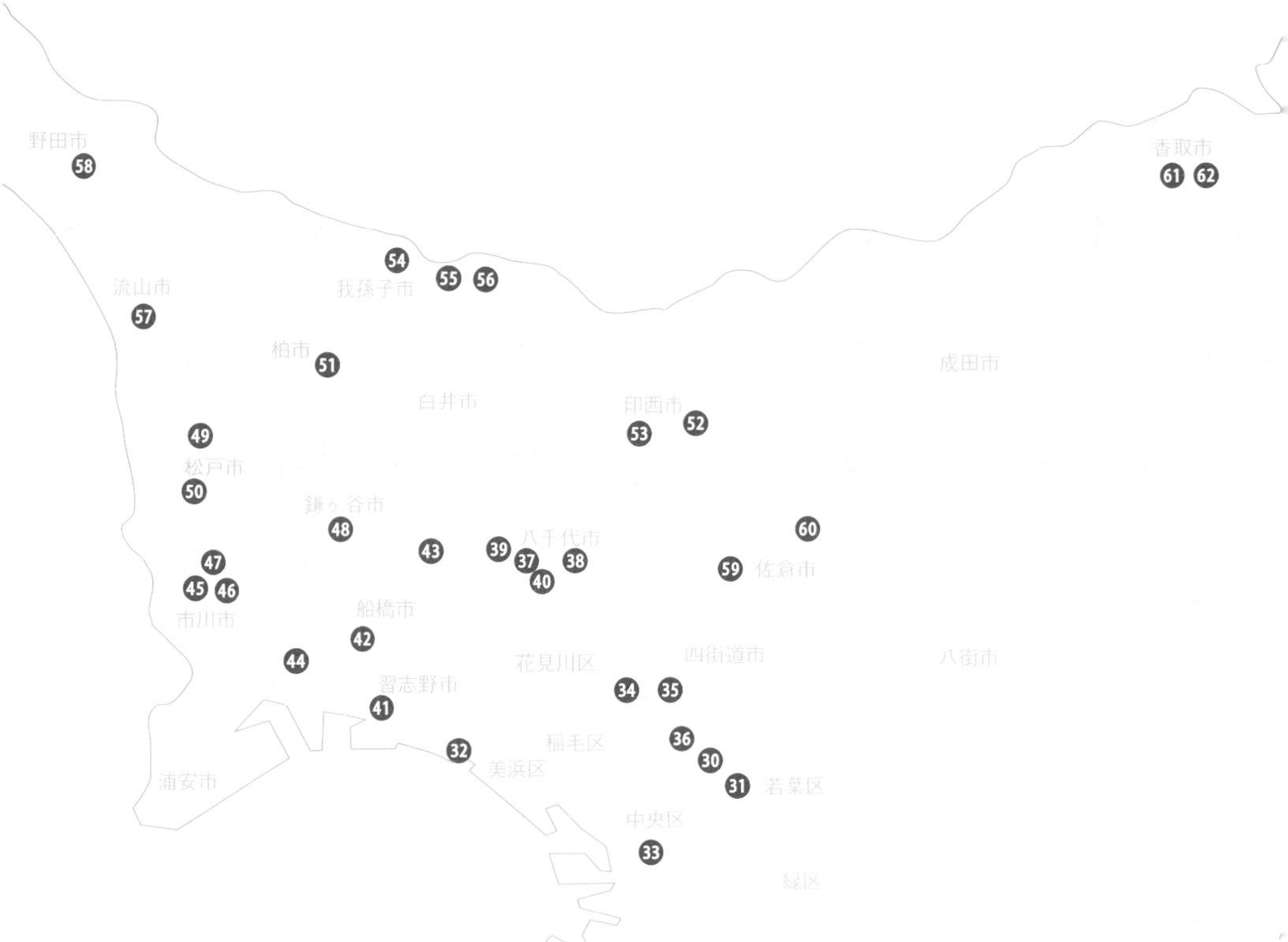

まだまだあります

㉞ Ecrin

閑静な住宅街の一角にあり、ケーキが人気。
043-441-3033
住 千葉市稲毛区園生町 400-24

㊴ 牧場創菓 momom

「成田ゆめ牧場」の牛乳を使ったスイーツが楽しめる。
047-480-4800
住 八千代市緑が丘西 4-1-4

㊵ 清祥庵

部屋ごとに趣向を凝らしたインテリアが楽しめる。
047-484-1555
住 八千代市勝田台北 2-4-5

㊼ ケーキラボ・マグネット

ハーブガーデンのカフェでケーキとハーブティーを。
047-312-6660
住 市川市北国分 2-2-2

本書の使い方

本書では千葉県のカフェを３章に分け、１章は海に近いカフェ、２章は山の景色が楽しめるカフェ、３章は街の中にあるカフェを紹介しています。

市町村名／最寄り駅

店名

南房総市

1.さざえカレー 1380円

2.紅茶シフォンケーキ450円 カフェオレ550円

「Sand CAFÉ」人気の定番メニュー

1.裏の鮮魚店から仕入れる新鮮なさざえだからできる「さざえカレー」には、ファンが多い

2.紅茶味のシフォンケーキ。クリームにも紅茶が使われている。カフェオレボウルは千倉在住の陶芸家浅井慎介の作品

店主の込山敏郎さん

3.外にはブルーと白のマリンカラーがまぶしいデッキ席が

4.マリン関係のグッズを売る「デッキシューズ」が隣接

オーナーからひと言

「千倉の海を楽しんだら、ぶらっと立ち寄ってください。2～3分のところです」

information

0470-44-5255

住 南房総市千倉町瀬戸2908-1

営 10:30～17:00

休 月・火曜

P 8台

煙 店内禁煙

交 JR内房線「千倉駅」より徒歩約10分

MENU

さざえカレー（サラダ付き）1380円

ミックスピザ（サラダ付き）1180円

シフォンケーキ各種 450円

チーズケーキ 480円

クリームあんみつ（大）600円

ブレンドコーヒー 480円

カフェラテ 550円

033

ヘミングウェイの「老人と海」をイメージした店内

シンプルで男らしい千倉の海に寄り添うカフェ

Sand CAFÉ

サンドカフェ

千倉がカフェの町になるきっかけになった「Sand CAFÉ」を、込山敏郎さんが始めたのは27年前。ヘミングウェイの「老人と海」のシンプルで男らしいイメージが千倉の海と重なり、店内も「老人と海」をイメージした造り。今も変わらず、壁にはヘミングウェイの写真が飾られ、たっぷりのコーヒーに葉巻、カメラ…そんな男の光景が似合う。

ここでぜひ食べてほしいのが「さざえカレー」。昔から千倉の家庭で作られていたカレーで、千倉の人にも懐かしい味だ。「Sand CAFÉ」のは裏ごしした肝を加えて味に深みを出し、じっくり6日間煮込んだ本格派。イラストレーターの安西水丸さんの本でも紹介された。料理は奥様が担当。手作りのシフォンケーキは、特に女性に人気だ。

「サンドカフェ」という店名は、写真家浅井慎平さんの命名。シンプルでいてクオリティの高い、いつまでも居たくなるカフェだ。

032

アイコン

フード	食事メニューの有無
スイーツ	スイーツの有無
お酒	酒類の有無
買い物	物品販売の有無

お店までの地図

MENU

お店の代表的な食事、スイーツ、ドリンクなどのメニューを掲載しています。料理内容や値段などは変更されることもありますので、ご了承ください。

インフォメーション（お店のデータ）

電話番号

住 住所

営 営業時間（LOはラストオーダー）

休 定休日（年末年始のお休みは省略している場合あり）

P 駐車場のあるなし（ある場合は台数を表示）

煙 全席禁煙、分煙、全席喫煙可など

交 最寄り駅からの所要時間

注意：新型コロナウイルス感染拡大の影響により、変更される場合もありますので、事前に電話やお店のSNSなどで確認をお願いします。

ご注意

本書に記載されている情報は2021年7月現在のものです。商品についても季節により変わる場合もあり、また、メニューの変更もありますのでご了承ください。金額につきましても、変更することがあります。営業時間、定休日なども予告なく変更されることもありますので、事前にお店にご確認ください。

海カフェ

第1章

朝日を浴びてキラキラ輝く海
昼下がりの穏やかな海
夕日が沈むノスタルジックな海
海辺の街にキラキラと輝く
唯一無二のカフェを求めて

Area

富津市　鋸南町　館山市　南房総市　勝浦市
一宮町　長生村　銚子市

穏やかな笑顔に出合う
海カフェへ

断崖絶壁がはるか異国を思わせる銚子の海、
サーファーたちのいる九十九里の海、

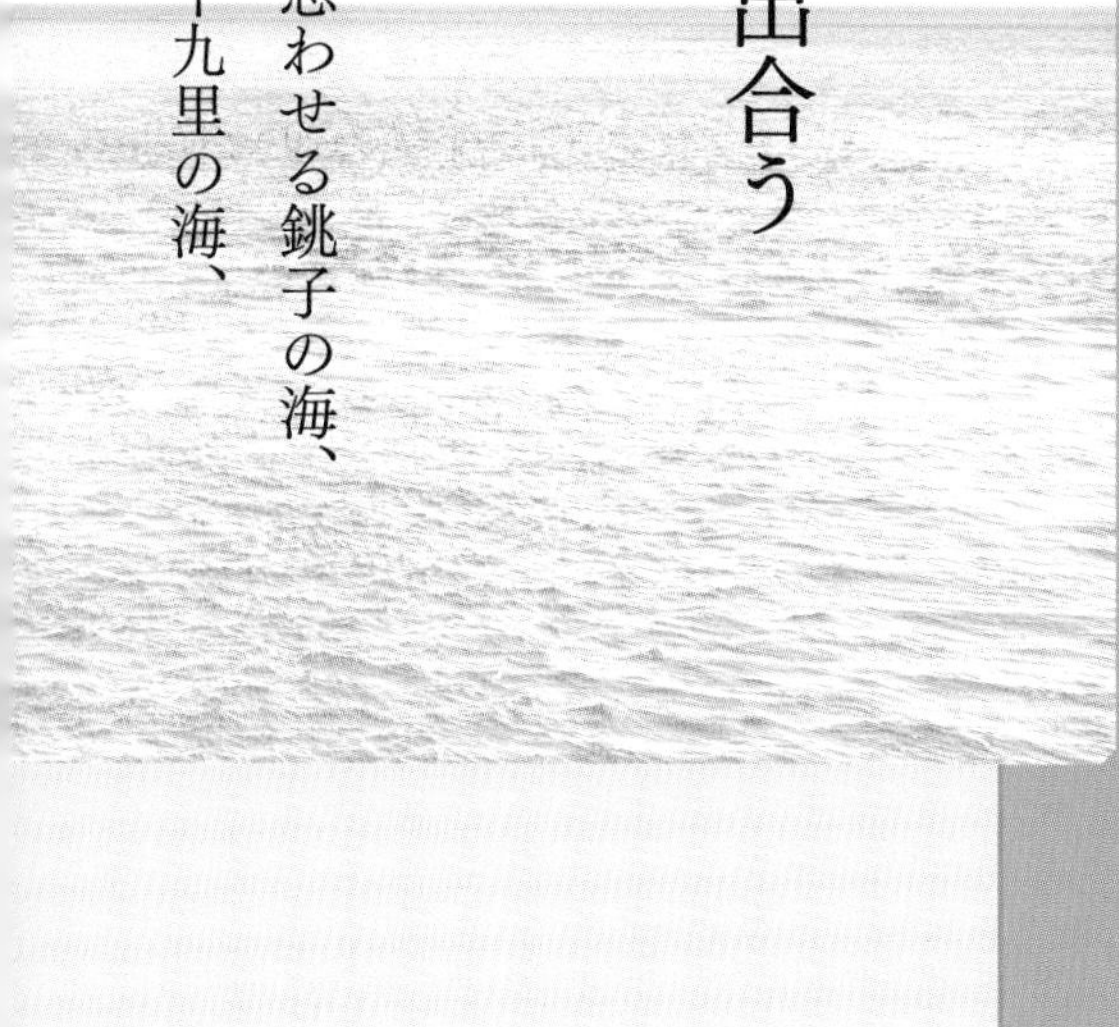

イルカも訪れる勝浦の海、
時おり強い風が吹く南房総の海、
吹きすさぶ草原から見る富津の海。
同じ海なのに、場所によって、時間によって、
見る人の気持ちによって、
まるで違う表情を見せる房総の海。
そんな海をずっと見つめ続ける人がいる。
荒れた海も、きらめく海も、
来ては去っていく人々も、
すべてを受け入れ、
穏やかに、大らかに迎え入れる海カフェのマスター。
変わらない笑顔が、今日も見守ってくれている。
落ち込んだ日はマスターの笑顔に救われ、
温かいコーヒーがざわついた心を落ち着かせる。
大丈夫。あの人のいるカフェがある限り。

Umi cafe

森の清涼な空気が
店にも漂う

海と森がある特別な場所へ
訪れた人を癒すサンクチュアリ

Cafe GROVE

カフェ グローブ

田園を抜け、牛小屋を通り、ナビを見ているのに迷う。途中に小さな看板を見つけ、ようやくたどり着くと、海沿いのカフェのはずが、マテバシイに覆われた深い森の中へ。「海も歩いてすぐですが、この亀田の森全体を楽しんでもらえれば」と、店主の濱本智之さん。どこか南洋のリゾートを思わせる森に、冬の朝は日差しが低く差し込み、光と影がドラマチックに彩る。春と秋は外のテラス席が心地よく、店のガラス窓を全開にすると森と一体となったような開放感が。「流れる空気も、森の表情も季節によってまるで違います」。

清々しい森の空気と一緒にいただくのは、旬のフルーツを使ったスイーツ。丁寧にドリップされたスペシャルティコーヒーが合う。季節のソーダもおすすめ。ふっと心がほどけるような味わいだ。

「森のおかげで、いろんな方が訪ねて来てくれます。自然には人の気持ちをやわらげる力があるんですね」。

2

3

1

森のパワーをチャージ

1.森の気配を色濃く感じる店内。アンティークのチャーチチェアがオシャレ　2.マテバシイやヤブツバキが茂る森の中にある　3.日本画家である店主のお母様が描く亀田の森の風景画などが展示されている「小さい美術館」。企画展も開催

オーナーからひと言

「不便で何もない場所ですが自然は豊かです。森の中はゆったりとした気持ちになりますよ」

様々なスイーツが楽しめる

4.甘酸っぱい紅玉がアクセントの紅玉のマフィン。季節によりイチゴ、桃、ブルーベリーなどが登場　5.自家製シロップを使った季節のソーダ。ジンジャー、オレンジ、梅味が。通年味わえないのが残念　6.カフェオレと「メロンとレアチーズのカップケーキ」

6
カフェオレ650円～、メロンとレアチーズのカップケーキ600円

5
季節のソーダ500円～

4
紅玉のマフィン500円
ドリップコーヒー 550円～

information

フード　スイーツ　お酒　買い物

0439-66-0936
住 富津市亀田1237
営 11:00 ～ 17:00
休 火・水曜（不定休あり）
P 8台
煙 全席禁煙（森内に喫煙所あり）
交 JR内房線「佐貫町駅」より車で約5分

MENU

GROVEチーズケーキ　500円～
季節のマフィン　500円～
きまぐれスイーツ　500円～
ドリップコーヒー　550円～
アイスコーヒー　550円～
カフェオレ　650円～
季節のソーダ（ジンジャー、オレンジ、梅など）　500円～

合掌造り古民家で
世界最高級のコーヒーを堪能

珈琲道 えどもんず（会員制）

Coffeedo Edomons

飛騨高山から移築され、長年愛されてきた合掌造りの古民家カフェは、2019年9月の台風15号で大きな被害を被った。が、「この合掌館を後世へと繋いでいきたい」というマスター、アオヤマエドモンズさんの強い思いと支配人による修復作業が復活へと導き、建物だけでなく、2021年元旦からあの素晴らしい珈琲の味も戻ってきたのだ。

世界最高級と誰もが認めるブルーマウンテンは、味・香り・バランスが極上で、この豆だけは木樽で輸出される。ブルーマウンテンナチュラルやパナマエスメラルダゲイシャは、日本ではここでしか味わえない。また、世界各国の農園より各種仕入れ、毎日、店内にて焙煎されたストレート珈琲は、最高の贅沢といえる。珈琲豆は生鮮食品、いつでも新鮮な珈琲が味わえるのも魅力だ。

訪れる人がゆっくりとくつろぎ、珈琲を堪能できるように会員制にしているのもうなずける。

マスターからひと言

「『珈琲は心の BGM』。珈琲が
皆様の大切な時間にそっと
寄り添えればと思っています」

1
カプチーノ800円
バームクーヘン300円

2
ブルーマウンテンナチュラル1500円　ガトーフロマージュ400円

1.2種のミルクにエスプレッソ珈琲を注いだ極上カプチーノと香ばしくしっとりとしたバームクーヘン　2.上品なブルーマウンテンナチュラル珈琲と2種のチーズを使ったクリーミーなガトーフロマージュ

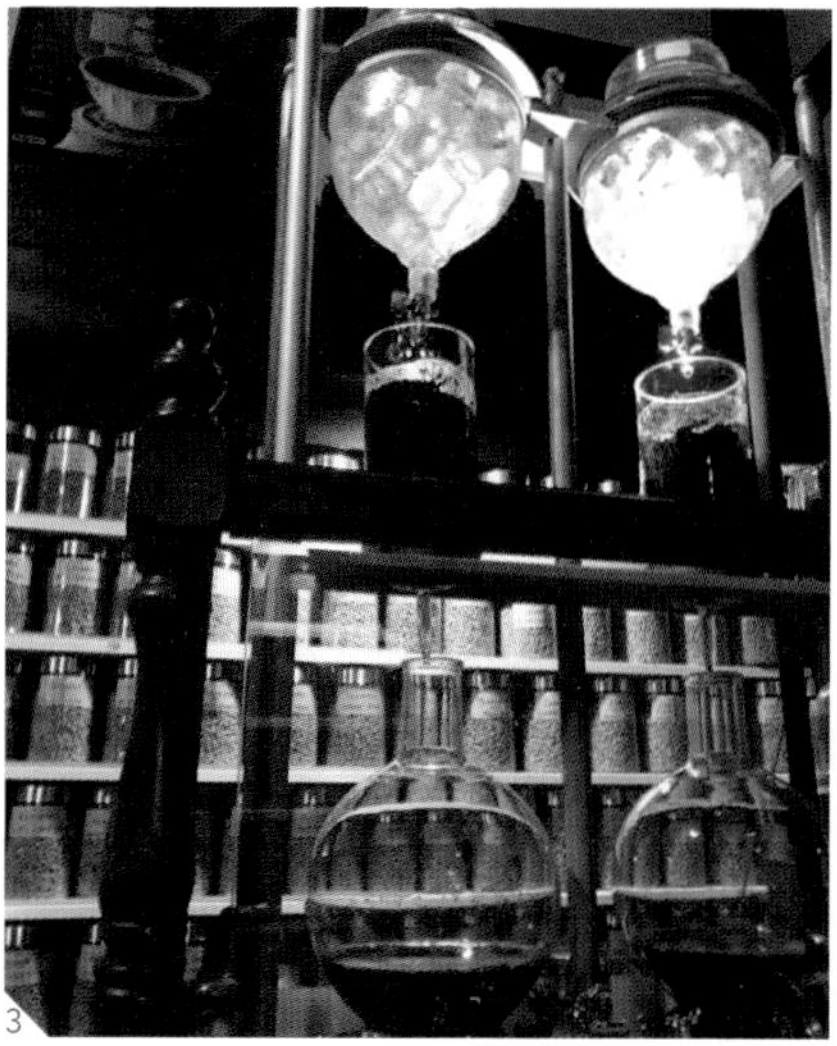

3

4

3.天然氷出し珈琲。氷がゆっくりと溶けた天然水で12時間かけて抽出　4.世界各国から取り寄せた新鮮な生豆を、毎日店内で焙煎する

information

フード　スイーツ　お酒　買い物

070-6478-7778
住 富津市金谷2185-2 合掌館内
営 11:00 ～ 18:00（17:00LO）
休 火・水・木曜
P 15台
煙 全席禁煙（外に喫煙所あり）
交 JR内房線「浜金谷駅」より徒歩約2分、東京湾フェリーより徒歩約5分
※土間はペット可

MENU

本日の珈琲　800円
ブルーマウンテンナチュラル　1500円
パナマエスメラルダゲイシャ　1500円
ミルク珈琲　800円
（カフェオレ　カプチーノ）
ガトーフロマージュ　400円
バームクーヘン　300円

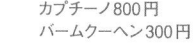

海とガラスと
木のぬくもり

海とガラスとカフェが
海辺の町をキラキラ彩る

Cafe&ガラス工房 海遊魚

カフェアンド Glasskobo Kaiyugyo

「海を見ながら、カフェとガラス工房をやりたいと思って」。ガラス作家でもある店主の東さんは、この地を一目で気に入り、移住を決意。古民家を自らリフォームして2008年に念願のカフェをオープンした。現在はサンドブラストグラスアート体験もできるガラス工房や、キッズルームを併設し、幅広い年代の地元客に親しまれている。「ここは移住された人も多く、オープンな土地柄。〝夕日がきれいだから来て〟と、ご近所の人が呼びに来てくれたり（笑）」。

カフェの入り口にある東さんのガラス作品は、丈夫で毎日でも使えるものが多い。どこか海を思わせるような透明感や大らかさを感じる。フローリングのテーブル席に、畳の座敷がある空間も海の家のような大らかさで、誰もがのんびりくつろげる。

東さんの料理は、味噌や醤油など調味料まで手作り。小さな子供でも安心していただけるような、ほっこり優しい味わいが嬉しい。

2

1

おうちに招かれたゲスト気分

1. 東さんの作品が並ぶショップコーナー。ドリンクやかき氷の器も自作　2.テーブル席、お座敷、奥には海に臨むテラス席もある　3.4. ママ友の会にピッタリの2階のキッズルームは予約制

5
自然栽培の米粉入り焼きたてワッフル600円

4

3

地元素材を使った心と体に優しい料理

5.自家製ジャムは2種類選べる。写真はブルーベリーと甘夏。ふんわりサクサク　6. トロトロの角煮は自家製醤油を使用　7.生姜の辛みも程よくスッキリ爽やか

7
自家製ジンジャエール
550円

6
プーアール茶豚角煮丼900円

オーナーからひと言

「高校時代からの夢だったお店です。
小さなお子さんも安心して
ご利用いただけます」

information

0470-55-4004
住 安房郡鋸南町大六1082
営 11:00 ～夕暮れ
休 不定休
P 6台
煙 全席禁煙（テラス席は喫煙可）
交 JR内房線「安房勝山駅」より徒歩約23分
※ガラス製作体験は要予約

MENU

懐かしのレーズン入りドライカレー
900円
猪鹿バーガー&ポテトフライ
900円
※ランチ3種類は季節やその時期で異なる
本日のスイーツ　450円
ブレンドコーヒー　450円
庭の梅の実ソーダ　450円

1階は鏡ケ浦通りに面して客席が、2階にはテーブル席とカウンター席がある

スポーツや海を楽しむ人たちの快適リビングルーム

SEA DAYS

シー デイズ

館山市のメインビーチである北条海岸を眺めながら、ゆったりとした自分時間を過ごせるカフェが「SEA DAYS」。

ヨガやSUP（スタンドアップパドルボード）、ランニングのメンバー制サービスを併設しているのが大きな特徴だ。2014年のオープン以来、北条海岸を舞台に、カフェで自分時間を満喫し、ヨガやSUP、ランニングで汗を流すといった、関心度の高い健康的なライフルタイルを創造、提供し続けている。

また、カフェにはPC用の電源も完備し、仕事や勉強で利用する人も少なくないとか。健康志向の高い人の利用も多いため、メニューにもこだわりをもっている。自家製レモネードは地元産の無農薬レモンを使用。葉物野菜がたっぷり摂れるオリジナルのスムージーも3種類用意し、好評だ。スポーツフードとも呼ばれるアサイーボウルはオープン以来のおすすめの一品だ。

アサイーボウル1160円

葉物野菜がたっぷりのオリジナルのスムージー

ヘルシー志向のドリンク

地元産無農薬レモンを使ったレモネードやスムージーなど、一杯の飲み物にもこだわっている

オーナーからひと言

「SEA DAYS で“遊び、くつろぎ、発見”してください」

各種パスタに自家製グラノーラがたっぷりのヨーグルトとドリンク付きセットもある

ドリンク類のほかにパンケーキも。テイクアウトOK

1

3

2

楽しむ空間

1.SUPはボードの上に立ち、パドルを漕いで水面を進んでいくウォータースポーツ
2.裏には松の木ガーデンが
3.デッキテラスからは富士山や花火大会を堪能

information

フード　スイーツ　お酒　買い物

0470-29-5380
住 館山市北条2307-52
営 10:00 ~ 17:00（16:30LO）
休 月・木曜
P 25台
煙 全席禁煙
交 JR内房線「館山駅」西口より徒歩約5分

MENU

SEA DAYSスムージーは3種類
エナジー　850円
ビューティー　850円
デトックス　850円
アサイーボウル　1160円
自家製レモネード　570円
ドリップコーヒー　500円
カフェラテ　550円
ティー　470円

木のぬくもりが伝わる空間

アンティークな木のぬくもりと眺望、なにより美味なアジアンフードが待つ

CAFE TSUMUGI

カフェ ツムギ

白壁の空間にアンティーク風ソファやテーブル、古木を再利用した床やカウンター。東京の下北沢で見かけそうなカフェ、それが第一印象だった。それに館山ならではのものがひとつ。眼前に広がるオーシャンビューだ。オーナーの東静子さんは下北沢に住んだ経験があり、通ったカフェのイメージだと聞いて納得した。

オープンして13年。ゆったりとくつろげる雰囲気と、なにより東さんがつくるアジアンフードが目的で来る常連客が多い。ナシゴレン、キーマカレー、グリーンカレーなど。東京でアジアンフードの移動販売を5年。青山や渋谷で人気の店になり、自信をつけて地元に戻ったとか。

ドリンクはコーヒーがメインだが、館山ではまだ珍しいイタリア製エスプレッソマシンとイタリアの豆で、カフェラテやカプチーノを作る。

広々としたベランダを生かしたテラス席にはハンモックも登場。潮風を感じながら、ゆらりの時間もいい。

ベトナムの代表的スイーツ「バインフラン」
（ベトナムプリン）450円

アジアンフード

アジアンフードの中でも人気NO.1の「ナシゴレン」。
野菜がたっぷり付くのもうれしい

ナシゴレン850円

オーナーからひと言

「素敵な時間を
紡いでいただきたく、
店名を付けました」

2

1

木のぬくもりが伝わる空間

1.好きなタイプのイスと空間を選んで
2.読書がしたくなる空間に、ふさわしい本が並ぶ
3.春から秋にはテラス席がオープン

3

information

0470-24-0268
住 館山市館山1560-16
営 11:30 ～ 17:00（16:00LO 要確認）
休 土曜（不定休あり）
P 10台
煙 全席禁煙（テラス席は喫煙可）
交 JR内房線「館山駅」より徒歩約8分

MENU

ナシゴレン　850円
グリーンカレー　850円
タコライス　850円
（上記メニューは飲み物付きで1100円）
チェー（ベトナムぜんざい）
450円
バインフラン　450円
カフェラテ、カプチーノ、紅茶他
／ホット400円　アイス450円

開放感溢れるお洒落な空間で リゾート気分を満喫

CAFE&HOTEL PORTO MAISON ROOMS

カフェ&ホテル　ポルトメゾンルームス

「どうぞ、ゆったりしてください」と語りかけているような、座り心地のよいソファー、大きなテーブル。窓からは千倉の海が望める。南仏にあるお洒落なカフェのイメージだ。「女性がのんびりできるカフェにしたかったので」とオーナーの仲川賢さん。オーナー以外のスタッフは女性で、さりげないサービスがいい。

ここは、映画『グラン・ブルー』のモデルになった、世界的に有名なフリーダイバー、ジャックマイヨール氏がよく訪れたカフェとしても知られている。マイヨール氏がカフェオレに蜂蜜を入れていたことから誕生したのが「カフェオレマイヨール」。エスプレッソとミルク、蜂蜜がサーブされ、自分好みでブレンドするのも楽しい。季節のフルーツを合わせた、ちょっと大きめの「季節のタルト」や「ベイクドチーズケーキ」も人気。フードメニューも充実している。

ここにも千倉ならではのスローな時間が流れている。

オーナーからひと言

「ここはカフェ＆ホテルで
2階フロアーは宿泊用の部屋です。
リゾート気分でくつろいでください」

季節のタルト795円～

カフェオレマイヨール682円

豊かな気分になる カフェタイム

1.「季節のタルト」のイチゴ。フルーツは注文があってからトッピングするので新鮮
2.「カフェオレマイヨール」はエスプレッソとミルクを自分でブレンド。砂糖の代わりに蜂蜜を使う

自宅でくつろぐ 気分になる

3.座り心地抜群のソファーがうれしい
4.高い天井、木のぬくもり、白いイス―くつろぎの条件を満たしている空間

information

0470-43-1008
住 南房総市千倉町川口301
営 8:00～22:00（21:00LO）
休 不定休
P 5台
煙 全席禁煙
交 JR内房線「千倉駅」より車で約10分

MENU

シーフードカレー　1650円
キノコと生ハムのオムレツ　1375円
季節のタルト　795円～
春はイチゴ、夏はレモン、秋は栗など。
ベイクドチーズケーキ　572円
カフェオレマイヨール　682円

昔懐かしい木造校舎の片隅で
南房総の恵みをまるごと味わう

シラハマ校舎 バルデルマル

Shirahamakosha Bar Del Mar

千葉県の最南端、白浜町で廃校となった木造校舎を再生し、オフィス、宿泊、レストランがある「シラハマ校舎」が2016年にオープン。2年後、レストランをリニューアルし、カフェレストランとして誕生したのが現在の「バルデルマル」だ。様々な年代のお客さんに楽しんでもらおうと、メニューのバリエーションを増やし、味付けなども見直したそう。

「地元で獲れた海産物や野菜をふんだんに使っています」と、カフェをはじめシラハマ校舎をプロデュースした多田さん。廊下や窓など、校舎の面影を残したノスタルジックな空間でいただくメニューは、スペインやラテンテイストを取り入れ、パエリアやアヒージョ、アクアパッツァなど。時短営業中の現在、夜はおまかせコース料理のみとなっている。

「おいしいワインを作りたくて、葡萄づくりも始めました」と多田さん。カフェで振る舞われる日が、今から待ち遠しい。

2

ノスタルジックな空間

1.店内には大きなスクリーンがあり、映画を上映することも　2.地元で長く愛された旧長尾幼稚園・小学校の木造校舎を多田さんらがリノベーション

1

オーナーからひと言

「南房総の海の幸、山の幸をふんだんに使ったオリジナル料理を提供しています」

房州海老（イセエビ）入り
海の幸カレー 1320円

4

海の幸を贅沢に！

3.前菜、サラダ、パエリア、メイン（肉または魚）、デザート、コーヒーまたは紅茶が付く　4.半身の房州海老がゴロッ。食べごたえ抜群

3
おまかせコース一例3300円／1名

information

フード　スイーツ　お酒　買い物

0470-29-5848
住 南房総市白浜町滝口5185-1
営 ランチ11:00 ～ 14:00
ディナー 18:00 ～ 20:00（19:00LO）
休 火曜
P 約20台
煙 全席禁煙（テラス席は喫煙可）
交 JR内房線「館山駅」より車で約22分
※完全予約制

MENU

海のパエリア（2名分）
1980円
ペスカトーレ（魚介類パスタ）
1540円
本日のアクアパッツァ　1320円
デザートの盛り合わせ（コーヒー付き）　770円
グラスワイン（赤・白）
各440円
コーヒー　495円

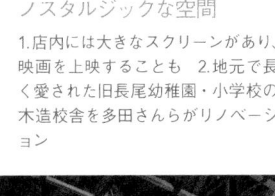

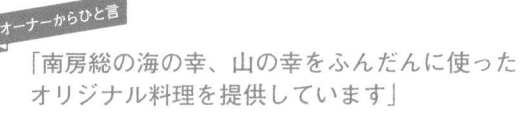

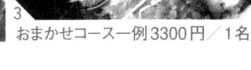

千倉の小さな海辺の街には、カフェやギャラリーが点在し、カフェのメッカともいわれている。

千倉がカフェのメッカといわれるきっかけになったカフェがある。それは「Sand CAFÉ」。27年前にオープンした。その約3年前に、写真家・浅井慎平氏の作品を展示する「海岸美術館」が千倉にできた（2018年2月末閉館）。美術館の建物のコンセプトは「訪れる人々の心に爽やかさとやすらぎが生まれる空間と時間」であった。創立に携わった「Sand CAFÉ」の込山さんは、「Sand CAFÉ」のコンセプトに共通するという。「影響を受けたのでしょう」と。千倉にあるカフェはそれぞれに個性的でおしゃれだが、多分、どのカフェも「さわやかさとやすらぎが生まれる空間と時間」を大切に考えているのではないだろうか。

カフェのメッカ、千倉の海をめぐるカフェ散歩

千倉カフェさんぽ

ところてん400円

クリームあんみつ550円

耳に心地よい波の音、
海の恵みをいただく

ストロベリーポット

strawberrypot

広々とした千倉の海を一望できるオープンデッキで、一押しの「クリームあんみつ」と「ところてん」をいただく。ホッとする。寒天は海女であるオーナーの鈴木さんが天草から手間をかけて作るのでここでしか味わえない味だ。

0470-44-5552
住 南房総市千倉町惣戸549-1
営 11:00 ～ 16:00
休 火曜（5～9月は海女の仕事で不定休あり）
交 JR内房線「千倉駅」より徒歩約30分

まだまだあります

Sound Swell CAFÉ

南千倉海水浴場の向かい側、千倉の海を一望できるロケーションとおしゃれな空間でリゾート気分に。

0470-44-3667
住 千倉町南朝夷1148-1
営 11:00〜17:00
(7〜8月20:00LO)
休 木曜

カフェダイヤモンドヘッド

ドラマ「Beach Boys」に登場した民宿ダイヤモンドヘッドをカフェとして復元。

0470-40-0234
住 千倉町瀬戸2875-4
営 11:00〜17:00
休 火〜木曜（11〜1月は金曜も休み。店舗に確認を）

ソフトクリームを
片手に
マリン気分を満喫

散歩カフェ
Sanpo cafe

「道の駅 潮風王国」にある、リゾート地のサマーハウスをイメージした海気分を満喫できるカフェ。濃厚で新鮮な牛乳を使ったソフトクリームはここのイチオシ。バニラのほかにフルーツ味もある。カフェ内ではマリングッズも販売。

0470-43-1800
住 南房総市千倉町千田1051
営 8:30 〜 17:00
休 水曜（オンシーズンは無休）
交 JR「千倉駅」より白浜行きバスで「七浦小学校前」下車、徒歩約5分

花畑を訪ねる

千倉町の白間津や七浦地区は冬でも常春の地。道路を挟んで山側と海側の両方に広大な花畑が広がり、3月頃までは花の絨毯を敷いたような光景に出合うことも。白浜町や白子には、花を楽しむ道の駅やスポットがある。カフェでゆったりした後、立ち寄ってみては…。

白浜町

春に一番近いといわれる南房総最南端の町。初春を彩るキンギョソウやポピーなどの花畑が訪れる人を楽しませてくれる。

ローズマリー公園

ハーブや四季の花が咲き、イギリスの雰囲気を味わえる公園。「はなまる市場」では南房総市の産物を販売。
南房総市白子1501
☎0470-46-2882

ヘミングウェイの『老人と海』をイメージした店内

シンプルで男らしい
千倉の海に寄り添うカフェ

Sand CAFÉ

サンドカフェ

千倉がカフェの町になるきっかけになった「Sand CAFÉ」を、込山敏郎さんが始めたのは27年前。ヘミングウェイの『老人と海』のシンプルで男らしいイメージが千倉の海と重なり、店内も『老人と海』をイメージした造り。今も変わらず、壁にはヘミングウェイの写真が飾られ、たっぷりのコーヒーに葉巻、カメラ…そんな男の光景が似合う。

ここでぜひ食べてほしいのが「さざえカレー」。昔から千倉の家庭で作られていたカレーで、千倉の人にも懐かしい味だ。「Sand CAFÉ」のは裏ごしした肝を加えて味に深みを出し、じっくり2日間煮込んだ本格派。イラストレーターの安西水丸さんの本でも紹介された。料理は奥様が担当。手作りのシフォンケーキは、特に女性に人気だ。

「サンドカフェ」という店名は、写真家浅井慎平さんの命名。シンプルでいてクオリティの高い、いつまでも居たくなるカフェだ。

2
紅茶シフォンケーキ450円
カフェオレ550円

1
さざえカレー 1380円

「Sand CAFÉ」
人気の定番メニュー

1.裏の鮮魚店から仕入れる新鮮なさざえだからできる「さざえカレー」には、ファンが多い
2.紅茶味のシフォンケーキ。クリームにも紅茶が使われている。カフェオレボウルは千倉在住の陶芸家浅井純介の作品

4

マリンスタイルも堪能

3.外にはブルーと白のマリンカラーがまぶしいデッキ席が
4.マリン関係のグッズを売る「デッキシューズ」が隣接

3

店主の込山敏郎さん

オーナーからひと言

「千倉の海を楽しんだら、
ぶらっと立ち寄ってください。
2～3分のところです」

information

フード　スイーツ　お酒　買い物

0470-44-5255
住 南房総市千倉町瀬戸2908-1
営 10:30 ～ 17:00
休 月・火曜
P 8台
煙 店内禁煙
交 JR内房線「千倉駅」より徒歩約10分

MENU

さざえカレー（サラダ付き）1380円
ミックスピザ（サラダ付き）
1180円
シフォンケーキ各種　450円
チーズケーキ　480円
クリームあんみつ（大）600円
ブレンドコーヒー　480円
カフェラテ　550円

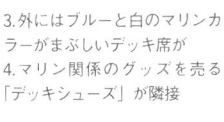

スローなひとり時間を
焼き立てパンと共に楽しむ

Horne café

オルネ カフェ

「Horne café」は、住宅街にひっそりと佇む隠れ家的カフェ。扉を開けるとパンの美味な香りに迎えられる。白壁と木のシンプルなインテリアがつくる空間は落ち着き、三方にある窓からは山や木々、はるかに海も望め、スローな時間の流れが心地よい。

「いつ来ても変わらないね、とお客様に言われることがあります」とオーナーの小原さん。ひとりで切り盛りするので、メニューを増やすことよりクオリティを保つことを最優先に考え、インテリアも変わらない。「変わらない」はお客にとってもいいことなのだと、オープン15年の実績が証明している。

おいしいと評判のパンは、北海道産小麦粉と天然酵母を使い、モチモチの食感が特徴。パンを買いに来る常連さんも多い。野菜をたっぷり使う週替わり「スープセット」はおすすめ。数種類のパンが付く。

ひとりでも気軽に行ける「私のもうひとつの部屋」にしたいカフェだ。

2
スープセット800円

1
スコーン2種450円、紅茶500円

丁寧に手作りされた味にホッとする

1.手作り「スコーン」もオープン時より人気の一品　2.吟味した食材を使い、手作りした野菜たっぷりのポタージュは体も大喜び　3.コーヒーは挽きたてをペーパードリップで淹れる

3

オーナーからひと言

「友だちの家に行くような感じで、
来ていただければと思っています」

5
チーズケーキ450円、コーヒー 500円

4
日替わりで焼かれるパン

スローな時間のお供に

4.天然酵母を使って焼かれるパンは日替わりで５種類。販売もしている　5.「チーズケーキ」をはじめケーキも手作り

information

フード　スイーツ　お酒　買い物

0470-44-5834

住 南房総市千倉町北朝夷223-5-201
営 11:00 ～ 17:00
休 水・木曜
P ４台
煙 全席禁煙
交 JR内房線「千倉駅」より徒歩約15分

MENU

スープセット
（季節の野菜のポタージュ・天然酵母パン盛り合わせ）800円
（ランチタイムはハーフケーキ・ドリンク付きで1200円）

ケーキ各種　450円

天然酵母スコーン2種　450円

コーヒー　500円

紅茶　500円

穏やかで美しい勝浦の海を ソファ席で眺める贅沢なひととき

Banzai Cafe

バンザイ カフェ

「勝浦は海の透明度が高くてきれいですよ。沖の方は黒潮とぶつかるので、回遊魚もいてイルカも見られます」と、オーナーの中村さん。2階のソファ席に座ると、真正面の窓いっぱいに広がる勝浦の海。額縁のような大きな窓に切り取られ、どこまでも穏やかで美しい。

海沿いの国道128号線沿いにあるカフェは、海と青空によく映える真っ白な外観が目印。「ダイバーの方々に食事やお茶を出したのがカフェの始まりです」と中村さん。ダイビングインストラクターである奥様が勝浦の海をガイドしているので、店はダイバーたちの憩いの場でもある。

国内外でシェフとして活躍していた中村さんの料理は、生パスタを使った本格パスタ料理から、オムライス、カレー、生春巻きなどバラエティ豊か。手作りの自家製スイーツとコーヒーをいただきながら、時間とともに少しずつ表情を変える海をずっと眺めていたい。

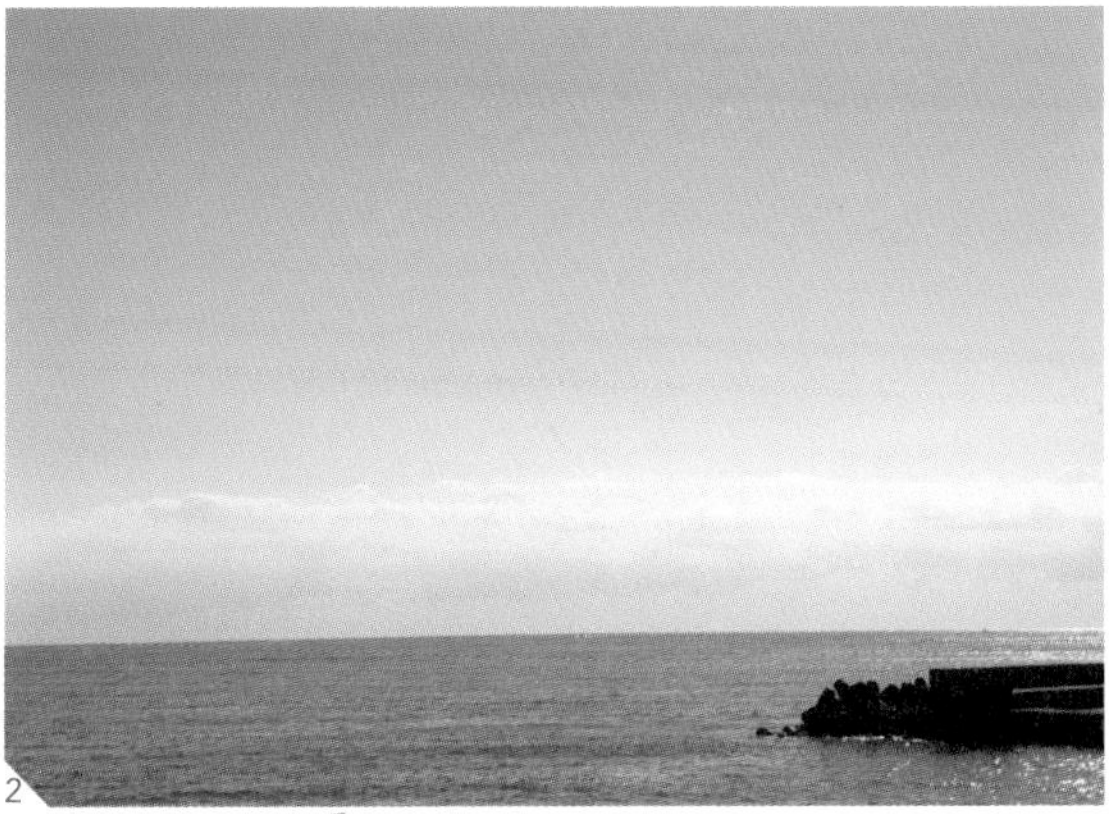
2

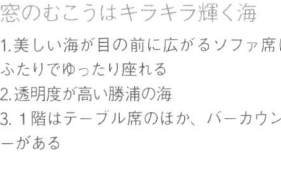

窓のむこうはキラキラ輝く海

1.美しい海が目の前に広がるソファ席は、ふたりでゆったり座れる
2.透明度が高い勝浦の海
3. 1階はテーブル席のほか、バーカウンターがある

1

オーナーからひと言

「イルカもやってくる海は
訪れる人を優しく包んでくれます」

3

生パスタを使った本格派

4.しっとり濃厚な「ガトーショコラ」とコーヒーのセット　5.名古屋名物「昔ながらの鉄板ナポリタン」は、生パスタのナポリタンに卵がからんでアツアツ絶品

5
昔ながらの鉄板ナポリタン

4
ケーキセット880円

information

0470-70-1580
住 勝浦市松部1545
営 11:30 ～ 20:00（19:00LO）
休 月曜（不定休あり）
P 4台
煙 全席禁煙
交 JR外房線「鵜原駅」より徒歩約15分

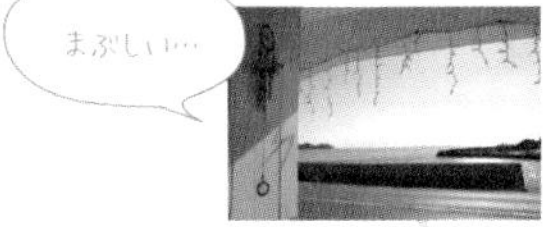

MENU

本日のパスタランチ（サラダ・ドリンク付き）1200円
オムライスランチ（サラダ・ドリンク付き）1200円
ケーキセット　880円
ホットコーヒー　470円
カフェラテ　570円
フレーバーラテ　600円

海の気配が漂う
陽だまり

サーファー御用達のフォカッチャで午後遅いランチをゆったり楽しむ

Emi cafe&restaurant ICHINOMIYA

エミ カフェアンドレストラン イチノミヤ

「海から上がると、めっちゃおなかすくんですよ」と、屈託ない笑顔のエミさんこと小林恵さん。サーファーのエミさんが、ご主人とともに一宮へ通ううち、「女の子ひとりでも入れて、ずっといられるカフェがほしい」と思い、その夢を自ら形にしたのがここ。今ではおなかをすかせたサーファーたちの駆け込みカフェだ。

自慢はエミさんが毎朝焼く「フォカッチャ」。シェフ直伝のレシピをもとに、季節によって発酵時間を変えるなど試行錯誤。ついに完成したのが、ローズマリーが香るフワフワ、しっとり、モチモチのフォカッチャ。「生地に手を入れただけで、今日もおいしいってわかります」。食事メニューには、以前からつきあいのある地元農家の野菜を使用。旬野菜のおいしさを知ってほしいと、日替わりの野菜がバーニャカウダなどで味わえる。不定期でフリマを主催するなど、カフェを通じて地元に根ざし、街を盛り上げていく頼もしさを感じた。

海と空の青に映える白

1.ゆったりとしたテーブルやイスはサイズにこだわって特注した　2.服をリメイクしたボディボードケース
3.フォカッチャをまとめ買いする人も多いとか
4.白壁に描かれたイラストは友人のアーティスト作

オーナーからひと言

「お店でフリーマーケットを
開催しています。
詳細はHP・SNS・店内の
ポスターでお知らせしています」

1

4

3

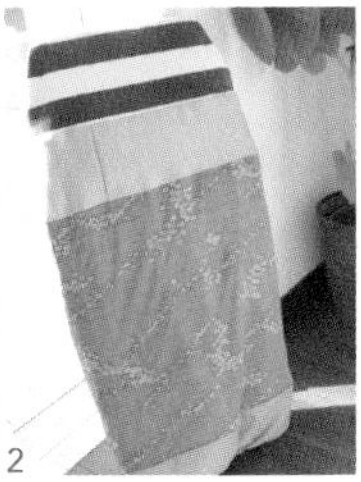
2

6

自家製フォカッチャ 1300円（2カット300円）

5

バーニャカウダ 1400円

絶品フォカッチャと地元の新鮮野菜

5.料理は主にご主人が担当。そのまま食べてもおいしい野菜を自慢のソースでいただく
6.これをカットしたものがランチにも付く。この生地でピザやシナモンロールも作る

information

フード　スイーツ　お酒　買い物

0475-38-5584
住 長生郡一宮町一宮10085
営 ランチ11:00 ～ 15:00
ディナー 15:00 ～ 21:00LO
休 火（16:00以降）・水曜
P 20台
煙 全席禁煙（テラス席は喫煙可）
交 JR外房線「上総一ノ宮駅」より車で約８分

MENU

ランチ（自家製フォカッチャ、ミニバーニャカウダ、ドリンク付き）　1100円～
自家製お野菜ピクルス　600円
香草たっぷり!　あつあつソーセージグリル　1200円
アフォガード　550円
今日のおやつ　200円～
自家製しょうがエール　500円
シナモンロール　420円

未知なるコーヒーに
出合える

コーヒーの魔力を伝える
情熱の一杯を堪能

KUSA

KUSA. 喫茶 自家焙煎 COFFEE + PAN.

クサ kissa Jikabaisen コーヒー＋パン

千葉のカフェで、「コーヒーはKUSA喫茶さんの豆を使います」と、何度か聞いていた。どんな店かと訪ねると、研究所のような白い一軒家が。静謐な店内はわずかに緊張感が漂う。食事はなく、あるのはコーヒーとコーヒーに合う伝統的なケーキのみ。

「この土地は時間に関係なく焙煎できるので」と、店主の姫野博さん。コーヒー豆を焙煎するときはデータを書き込んだノートと豆を真剣に見つめる。「同じ品種の豆でも毎日変化していくので、16年データをとってもまったく同じように焼き上がる日はないです」と姫野さん。世界の指定農園から取り寄せた農作物である生豆と対峙し、自分が目指す味に焼き上げていく姿は、カフェのマスターというより、やはり職人そのもの。

豆によって挽き方、淹れ方、お湯の温度も変えるという、とっておきの一杯をいただく。体にすうっとなじみ、余韻まで心地よい。コーヒーの奥深い魔力にとりつかれそうだ。

3

2

1

ストロングローストブレンド「underground」580円
ラムフルーツケーキ390円

4

コーヒーを愉しむための空間

1. ブレンドは3～5種類、シーズンごとに最高の出来栄えの農園をピックアップし、日替わりで10種類ほど用意　2.店内の至るところにコーヒー器具が　3.芳醇なラムがコーヒーのエキゾチックな味わいによく合う　4.左は店の入口、右は焙煎室。店の建物はtai-tai studioの設計によるハーフビルド、焙煎室は名大工率いる海岸屋FOOが設計・施工

オーナーからひと言

「各国の指定農園から届く
新鮮なコーヒーの、
ライブの一杯を
お楽しみください」

6

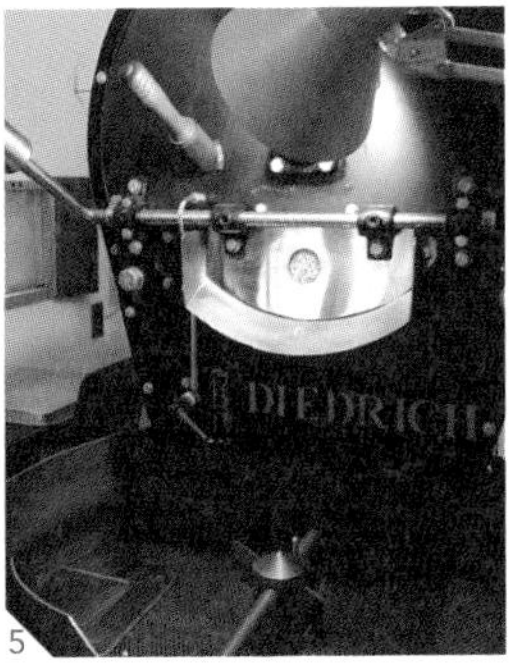
5

極上のコーヒーが生まれる場所

5.40～50軒の飲食店にコーヒーを卸すため、常にフル稼働のロースター　6.時には寝ずに焙煎する店主・姫野博さん

information

フード　スイーツ　お酒　買い物

kusacafe@lime.plala.or.jp
住 長生郡長生村一松乙1987-14
営 月・土・日曜13:00～17:00
水曜13:00～17:00（珈琲豆とケーキの販売のみ）
休 火・木・金曜
P 8台
煙 全席禁煙（半屋外に喫煙スペースあり）
交 JR外房線「上総一ノ宮駅」より車で約10分

MENU

KUSA.BLEND「sun」　500円
KUSA.深煎りBLEND「TRAD」　500円
アイス珈琲　550円～
カフェオレ　540円
ウインナ珈琲　560円
ルイボスティー　660円
本日のケーキ　390円～
珈琲豆　100g680円～

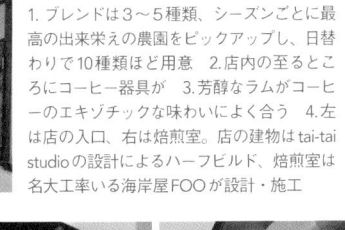

マラサダ（プレーンシュガー）154円
シナモンシュガー、きなこシュガーなどの味も

銚子の駅前でバカンス気分！
ロコに愛されるハワイ食堂

Hawaiian cafe **Maka Le'a**

ハワイアンカフェ マカレア

ハワイ語で「茶目っ気のある」「キラキラした目」という意味の店名「マカレア」がピッタリとはまる、チャーミングな笑顔の店主・武井真里子さん。「地元の方にはドーナツのお店と呼ばれていますが（笑）、誰でも気軽に立ち寄れる、親しみやすいお店の雰囲気作りを心がけています」。

　オールドハワイの面影を残すノースショアの食堂のような雰囲気で、明るい店主と自慢のマラサダ。揚げたてのマラサダは、生地が驚くほどふんわりとしていて、冷めてもフワフワのまま。「毎日、マラサダを揚げるまで約2時間半かけて生地を作ります。すべて手作りなので、生地に抹茶やココアを混ぜたり、あんこを中に詰めたマラサダも作れますよ」。ロコモコやガーリックシュリンプはソースもオリジナルで、いちから手作り。小学生がお金を握ってマラサダを買いにきたり、女性ひとりでランチを食べにきたり。ロコに愛されるハワイ食堂のようなカフェだ。

ハワイアンを満喫できる店内

オーナーからひと言

「マラサダは10時から揚げています！
お電話にてご予約いただければ
まとまった数もご用意できます」

2
ガーリックシュリンプ1078円

1
ハウピアパイ330円（1カット）

幸せ気分の
ハワイアンフーズ！

1.ハワイでは定番人気のチョコレートとココナッツのコンビ 2.食欲を誘う香ばしいソースが絶品 3.デミグラスソースにハワイのALOHA醤油をひとたらし。変化が楽しい。ランチ（11時～14時）はソフトドリンク、ミニデザート付き 4.美容と疲労回復におすすめのアップルビネガー

4
健康維持にもよいアップルビネガー440円

3
ソフトドリンクとミニデザートが付くロコモコプレートのランチセット1078円

information

フード　スイーツ　お酒　買い物

0479-35-0264
住 銚子市西芝町13-9 メゾン花の木1F
営 10:00 ～ 18:00（火・金曜～ 17:30）
休 日・月曜
（第2・第4日曜は営業）
P 1台（近隣にコインPあり）
煙 全席禁煙
交 JR総武本線「銚子駅」よりすぐ

MENU

チーズバーガープレート　880円
チキンサンドプレート　880円
スパムフライドライス　880円
ホットドッグ　440円
（ランチ＜11:00 ～ 14:00＞ソフトドリンク、ミニデザート付き）
ハワイアンオレンジ　305円
ライチグレープフルーツ　385円
※一部を除きテイクアウトOK

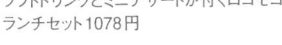

観光スポットにカフェ巡り。銚子は今日もいい調子♪

銚子カフェさんぽ

東京から約2時間で銚子へ。沖を流れる黒潮の影響で「冬暖かく、夏涼しい」温暖な気候に恵まれ、全国屈指の水揚げを誇る漁港の町。江戸時代には江戸と銚子を結ぶ利根川水運によって東北の米などが江戸に運ばれ、重要な中継地として栄えた。また、関東初の醤油醸造でも栄え、江戸の食文化発展に寄与。現在もヒゲタ醤油、ヤマサ醤油などの工場がある。

「銚子は人口の割合に対して、飲食店が多いんです」と、あるカフェ店主。確かに、銚子駅の周辺だけでもレトロな喫茶店や、オシャレなカフェが軒を連ねる。逆に、コーヒーショップのチェーン店などはまったく見かけなかった。「だからこそ、コンセプトを明確にして他の店と差別化しなければ」と店主。いずれもコンセプトが明確でキラリと光る個性的な店ばかり。カフェ巡りにはもってこいの土地柄だ。駅前にある42ページ「マカレア」から歩いて10分のところには、ベーグルが人気の「クロッチョカフェ」があり、さらに東へまっすぐ進むと、パスタやピザ、丼

写真提供／崖ロケーション.com
http://崖ロケーション.com

★屏風ヶ浦

まで楽しめる「ピースボウルカフェ」がある。

どこを歩いていても海の気配が漂う港町の銚子は、どこかノスタルジーな気分になる。美しい青い海に、犬吠埼灯台や「東洋のドーバー」ともいわれる断崖絶壁の屏風ヶ浦。昭和レトロな銚子電鉄や外川の街並みなど、風光明媚な銚子は観光客も多い。魚介類はもちろん、野菜も新鮮でおいしいから飲食店も多いのだろう。だが、何よりの魅力はこの銚子に暮らす人々。カフェの個性的な店主たちは、港町らしいオープンマインドで、ただ一度の出会いに過ぎない私たちを温かくもてなしてくれた。

「時間があったら、ぜひ夕日も見ていってください。屏風ヶ浦に沈む夕日は、本当にきれいですよ」と、あるカフェ店主。その言葉に誘われて、銚子マリーナから夕日を見る。あかね色に染まる海と屏風ヶ浦の真上に沈む夕日を見ていると、日本ではない、どこか遠い異国へ来てしまったような、不思議な感覚を覚えた。

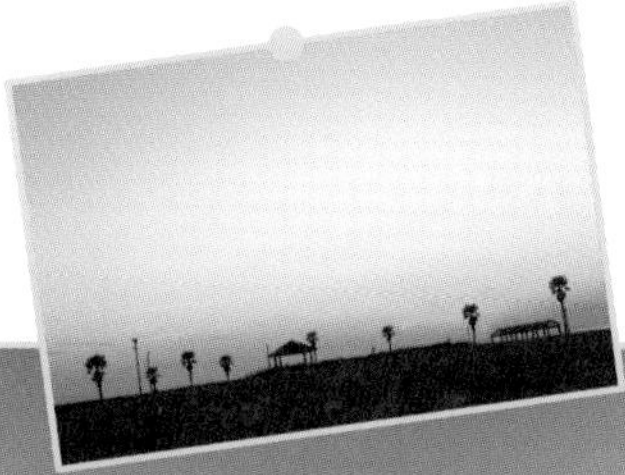

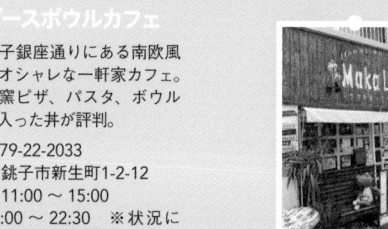

銚子マリーナ

銚子電鉄

外川の街並み

外川港

クロッチョカフェ

2004年オープン。自慢のベーグルや、バリスタが淹れるラテアートもかわいい「カフェラテ」が人気。

0479-23-7096
住 銚子市中央町13-6
営 11:00 ～ 18:00
（日祝～ 17:00LO）
休 水・木曜

ピースボウルカフェ

銚子銀座通りにある南欧風のオシャレな一軒家カフェ。石窯ピザ、パスタ、ボウルに入った丼が評判。

0479-22-2033
住 銚子市新生町1-2-12
営 11:00 ～ 15:00
17:00 ～ 22:30　※状況により時短営業
休 水曜、第1火曜

Hawaiian cafe
Maka Le'a ▶ P042

江戸の風情漂う水郷の町

佐原カフェさんぽ

「江戸優り」といわれたほど、江戸時代から水郷の町として栄えた佐原。舟運で栄えた商家を中心に、独自の文化を築いていたという。現在も、伊能忠敬が佐原で30年以上住んでいた旧宅をはじめ、利根川の支流である小野川沿いや香取街道などには土蔵造りの古い商家などが建ち並び、江戸の風情を今に伝えている。歴史景観を残しながら、それを活かした街づくりに取り組む佐原では、昔ながらの商家で今も家業を続ける店や、古民家を再生してカフェとして利用しているところも。そんな佐原で江戸の情緒を感じながら、カフェさんぽを楽しんでみては。

「佐原駅」から歩いて約10分、「伊能忠敬記念館」からほど近い「いなえ」は、明治に建てられた町家2棟、土蔵、洋館、倉が中庭でつながるセレクトショップ&ギャラリー。地元ならではの新鮮食材を使った甘味喫茶もあり、地元のいちじくを使った「いちじくとマスカルポーネ」「和三盆すだち」などのかき氷や、「杏子あんみつ」などの和スイーツのほか、「マーガレットポークのおうどん」な

いなえ

0478-54-7575
住 香取市佐原イ 511
営 10:30 ～ 17:00
休 月～水曜
※状況により休業あり

蔵と洋館を利用したギャラリーや、江戸時代から続く老舗の醤油やごま油などを販売したセレクトショップもある「いなえ」

ど千葉県産の豚肉を使ったご当地うどんも楽しめる。

「いなえ」から小野川に架かる「忠敬橋」を渡ってすぐのところには「甘味処 鎌倉 小江戸佐原店」がある。2020年11月にオープンした町家カフェで、看板メニューの「鎌倉わらびもち」を使った「わらびもちドリンク」などが味わえる。また、すぐそばの「佐原商家町ホテルNIPPONIA」では、2021年3月に「VMGカフェ」がオープン。地元のサツマイモを使った「生絞りモンブラン」が人気だ。

水郷エリアから離れて10分ほど歩くと、閑静な住宅街に「カフェ サリ」がある。店は日差しが心地よい英国風のコンサバトリー（ガラス温室）になっており、目の前にはバラやハーブ、花木をはじめ四季折々の花が咲くイングリッシュガーデンが。店の人気メニューはスパイスをたっぷり使った特製カレーと、ホームメイドのスイーツ。古民家カフェから英国風カフェまで、幅広く楽しめるのが佐原の魅力だ。

甘さ控えめの手作りケーキがおいしい「Cafe Sari」では、庭を見ながらティータイム

Cafe Sari

0478-52-5447
住香取市佐原イ 2643
営11:00 ～ 21:00
休木曜
※状況により時短、休業あり

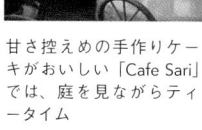

column

カフェのこだわり❶

「焙煎」にこだわる店が増えている

カフェにより、何にこだわるかは異なる。それが店の個性になり、客はその個性を求めて通う。そのこだわりのひとつといえるのが珈琲だ。

珈琲にこだわるオーナーはとにかくおいしい珈琲を追求する。追求のポイントは「豆」「焙煎」「淹れ方」に大きく分けられる。数年前までは「おいしい珈琲を淹れるポイントは？」という質問に、「淹れ方です」と答える店が多かったが、今回の取材では「焙煎」にこだわるオーナーが増えていることがわかった。「究極は自家焙煎です」といった「kope」や、「KUSA.喫茶 自家焙煎 COFFEE＋PAN.」、「珈琲道 えどもんず」、「里山カフェ＆ゲストハウスsou」は自家焙煎だ。「KUSA.」は16年以上もデータをとり、とことん自家焙煎を研究した。「KUSA.」では焙煎した豆を販売しているが、「KUSA.」の豆にほれ込んで使っている店もある。その一軒が「Cafe GROVE」。自家焙煎をしていないところは、「Cafe GROVE」のように気に入った焙煎所から仕入れる。

奥が深い、真剣勝負の「焙煎」

もちろん前記した3点「豆」「焙煎」「淹れ方」は、おいしさを左右する大切な要素ではあるが、珈琲は焙煎により大きく味が変わるといわれる。

生豆の産地や収穫時期、保存状態を考慮し、さらに、焙煎するときの季節や部屋の温度・湿度まで見極める。見た目は単純そうだが、実は奥が深い。マニュアルには頼れない、経験とセンスを必要とする作業なのだ。気の抜けない真剣勝負という人もいる。

山カフェ

第2章

吹き渡る風が心地よく
里山の風情や田園風景が楽しめ
地元の食材でおもてなし
ゆったり、のんびりとした
時を忘れるカフェにようこそ

Area

市原市　袖ヶ浦市　君津市　館山市　南房総市
いすみ市　睦沢町　茂原市

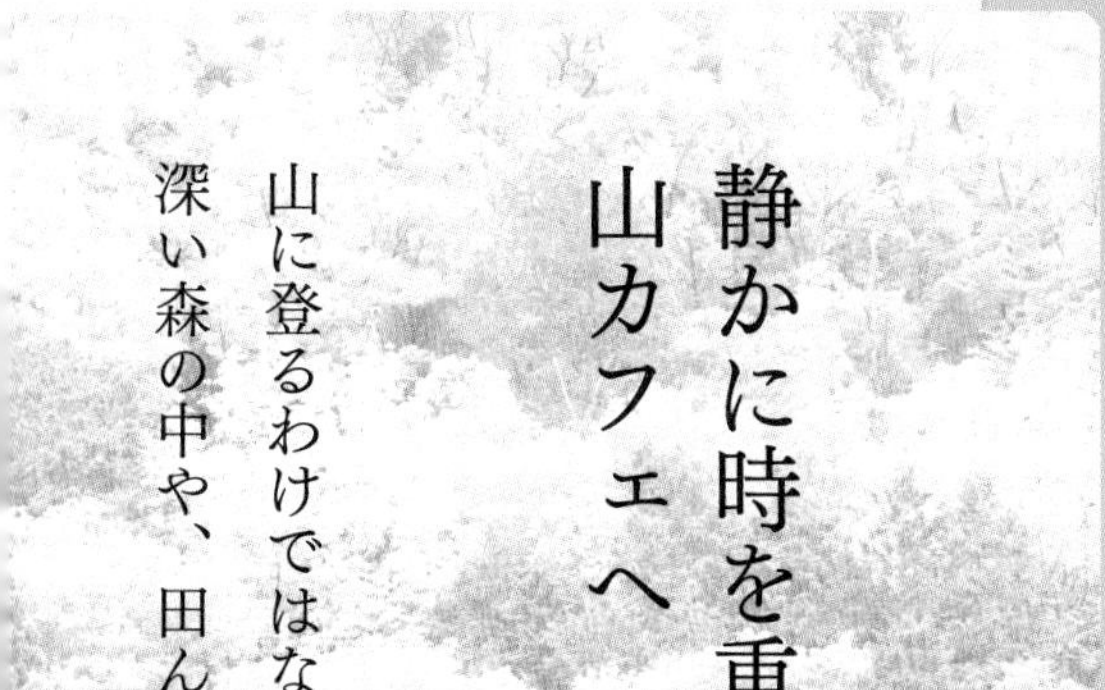

静かに時を重ねる山カフェへ

山に登るわけではないけれど、
深い森の中や、田んぼの真ん中で

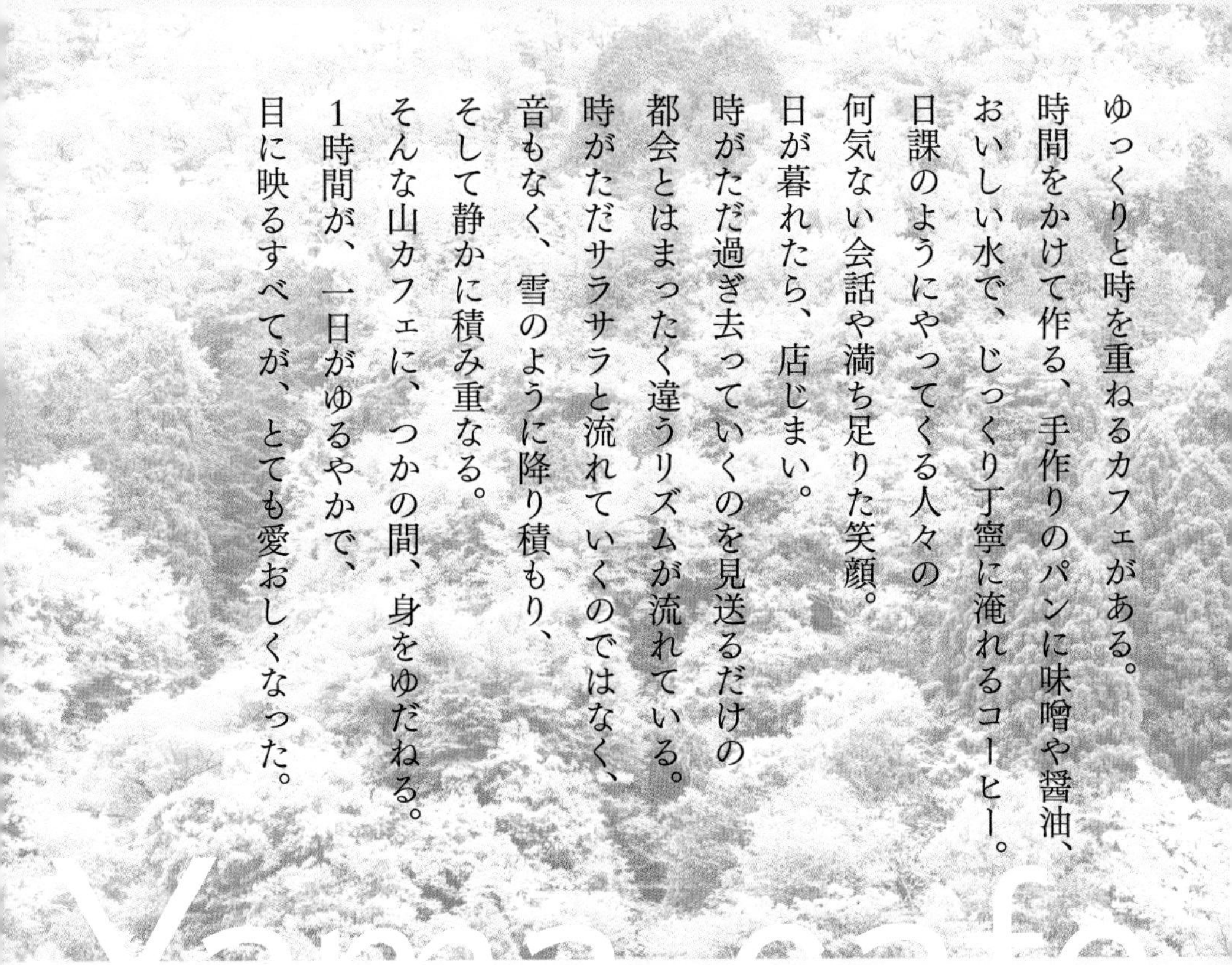

ゆっくりと時を重ねるカフェがある。
時間をかけて作る、手作りのパンに味噌や醤油、
おいしい水で、じっくり丁寧に淹れるコーヒー。
日課のようにやってくる人々の
何気ない会話や満ち足りた笑顔。
日が暮れたら、店じまい。
時がただ過ぎ去っていくのを見送るだけの
都会とはまったく違うリズムが流れている。
時がただサラサラと流れていくのではなく、
音もなく、雪のように降り積もり、
そして静かに積み重なる。
そんな山カフェに、つかの間、身をゆだねる。
1時間が、一日がゆるやかで、
目に映るすべてが、とても愛おしくなった。

高さ6mのホールは圧巻！

季節に応じたスローフードを
毎日丁寧に作り続ける

Café のっぽ 141

カフェ Noppo

　大通りから少し奥まった狭い道を通り抜けると、林に囲まれた青い屋根の古民家が見えてくる。農家の古い屋敷のような純和風の建物に、素朴な和の庭。だが店内に入ると、その日本的なイメージが一変する。屋根組が丸見えの高い天井、壁を取り払った広々としたホールに驚き。真白な珪藻土の壁に、アンティークミシンや雑貨がセンスよく並び、李朝時代の縁側テーブルや、レトロな小学校机などインテリアも素敵。

「食事はきちんとしたものをお出ししたい」と、店主の佐久間さん。2010年にご主人と一緒にカフェをオープン。天然酵母のパンを焼き、豆や玄米を炊き、高知の黄金生姜でシロップを作る。すべて手作りのスローフードを、ご夫婦ふたりだけで作り続けている。食後には、ギャラリーコーナーで販売されている、店主がセレクトした生活雑貨やのっぽオリジナルの天然素材を使った洋服を見る楽しみが待っている。

オーナーからひと言

「安心・安全な地場産野菜を中心に季節の惣菜をお楽しみください」

手間暇かけたスローフード

1.本日のランチセットの主菜は「ミートローフ」。玄米ご飯orパン、揚げ物、お浸し、スープ、サラダなどが付く。長柄町でとれた無農薬有機栽培の玄米ご飯、小豆も毎日でも食べたい優しい味わい。野菜も県内産が中心　2.手作りジャム、ジンジャーシロップは店内で販売

2

1
日替わりランチセット2200円

センスのいいオシャレ空間

3.自社ブランドの洋服を製作していた佐久間さん。展示のミシンは大正時代の米国製で今でも動くそう　4.飾り棚のディスプレイもオシャレ　5.窓辺のコーナーも素敵な雰囲気。ひとりならここでもお茶を

5

4

3

information

フード　スイーツ　お酒　買い物

0436-42-7107
住 市原市郡本4-141
営 11:30 ～ 17:00
休 月・火・水曜
P 6台（近くに第2Pあり20台）
煙 全席禁煙
交 JR内房線「八幡宿駅」「五井駅」より車で約10分

MENU

日替わりランチセット　2200円
本日のケーキ　500円～
自家製天然酵母のピッザ　1100円
スペシャルティコーヒー各種　600円
カフェオレ　650円
自家製ジンジャーエール　500円
天然酵母パンの販売あり

味わいもボリュームも満点！
農園のおふくろの味

のうえんカフェ

Nouen Cafe

木の温もりと素朴さはそのままに、明るくカジュアルに改装した店内。座敷、テラス席もある

人気の農家カフェが2020年12月にリニューアル。席数も増えて使いやすくなった。行列ができるほど人気のランチは、驚くほどボリュームがあり、小鉢ひとつにも手作りの温かみを感じる。店名の「のうえん」が示すとおり、自分の畑でとれた野菜や、近隣農家の野菜や卵などを使った「地産地消」にこだわり、切り干し大根まで手作りしているとか。店内も農産物の直売や、地元農家が作った手作り玩具などが販売され、都会にはない素朴で温かい雰囲気だ。

日替わりランチの中でも定番人気が、「ロールキャベツグラタンセット」と、「チキンカツ南蛮風定食」。1日70～80食用意しているが、早いときは3時に完売するほど。テイクアウトも別にあるが、食べきれないときは持ち帰りもできるのがうれしい。「レシピは私が考えて、母やスタッフと一緒に作っています」と、代表の内山真琴さん。チームワークのよさもお店の温かさにつながっている。

「チキンカツ南蛮風定食」1210円
2

「ロールキャベツグラタンセット」1210円
1

4

芋焼酎「No.0」
2200円(720ml)

3
コーヒーゼリーミルク550円

オーナーからひと言

「畑に囲まれたのどかなところで自家製と地元野菜を使った家庭料理をどうぞ」

大人気！ 行列ができる看板メニュー

1.デミグラスソースで煮込んだロールキャベツに、ホワイトソースとチーズでグラタンに。小鉢、ごはん、味噌汁付き　2.甘辛タレのチキンカツにタルタルソースがたっぷり　3.クラッシュコーヒーゼリーにミルクと生クリーム。シナモンがアクセント　4.自家菜園のサツマイモから作ったオリジナル焼酎。お土産にどうぞ

information

フード　スイーツ　お酒　買い物

0438-75-7335

住 袖ヶ浦市川原井1838
営 11:30 ～ 17:00（16:00LO）
休 水曜
P 約10台
煙 全席禁煙
交 JR内房線「姉ヶ崎駅」より車で約16分、館山自動車道「姉崎袖ヶ浦IC」より約５分

MENU

和風パフェ　550円
農園風ふれんちとーすと（15時より限定）　715円
スコーン　248円
カフェラテ　500円
紅茶　550円

秘密の花園に迷い込んだら
バラとネコがお出迎え

バラのシーズンには
風にもバラの香りが

ドリプレ CAFE

Dreaming-place カフェ

バラ好きの清水夫妻が、10年かけて開墾した庭が自慢のカフェ。香りのいいバラだけを集めたオールドローズとイングリッシュローズ500品種3000本と、英国から取り寄せた宿根草が庭を彩り、まさに英国カントリーサイドのコテージガーデンのよう。奥様や裸足で歩く子供たちのために、無農薬でバラを育てる清水さんは、「モリアオガエルが帰ってきました」と、嬉しそうな笑顔。

自宅を改装したカフェは、英国の古材を使った趣きのある建物で、食器やカトラリーもすべて英国製のアンティーク。庭でとれたフルーツで作るジャムやドリンクもあり、自然に寄り添うように暮らす夫妻の人柄が伝わってくる。

バラの庭と人気を二分するのが、清水夫妻が大切にしている9匹の猫たち。「最近はバラだけでなく、猫目当てのお客様が増えて、猫カフェのようになっています（笑）」と奥様。ほっこり優しいガーデンカフェだ。

3

2

1

イギリスへトリップ気分

1.夫妻が手作業で開墾したバラの庭。バラの最盛期は5月・6月
2.大きなエノキの木に守られているようなテラス席
3.バラの写真集なども自由に見られるカフェ店内

オーナーからひと言

「9匹の猫たちが
カフェとガーデンで
自由に遊んでいます」

6
スコーンセット
800円

5
アフタヌーンティー 1380円
(写真は2人前)

4
スパゲティ ランチセット1200円〜

自家製スイーツやパスタで心も豊かに

4.「森のキノコのスパゲティ」。ランチセットはスープ、サラダ付き　5.スイーツもりだくさんの「アフタヌーンティー」は14時から。注文は2名より　6.クリームチーズと自家製ブルーベリージャムが付く。プラス250円で紅茶（ポット）またはコーヒー付き

information

フード　スイーツ　お酒　買い物

0439-37-3767
住 君津市大野台815-85
営 10:00 〜 17:00
休 水曜、1・2月は冬期休園
(4月下旬〜6月上旬は無休)
P 80台
煙 全席禁煙（テラス席は喫煙可）
交 JR内房線「君津駅」より車で約30分。
東京駅より高速バスもあり

MENU

アフタヌーンティー　1380円
(ひとり) ※注文はふたりから
スパゲティ ランチセット 1200円〜
スコーンセット　800円
ドリプレ・プレート　880円
ブレンドコーヒー　400円
ガーデンローズティー　450円
ローズソーダ　440円

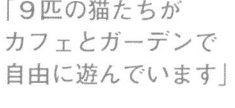

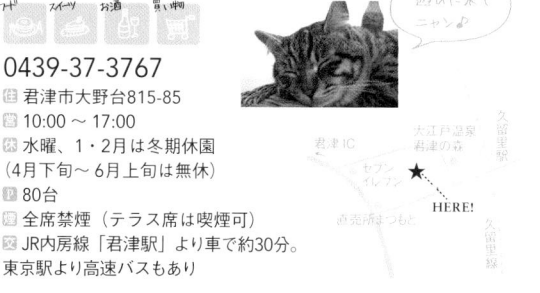

ご夫妻のセンスと35年の歴史が感じられる店内

寝る人が多いという。気持ちいい空間とハーブ、オーナーが人を惹きつける

grass-B

グラスビー

一面原っぱの山の中で、海が見える眺望が気に入り、即決した大久保英信さん、成子さん夫妻。そして、「grass-B」ができた。35年前になる。海は見えなくなったが、それに代わる素晴らしいものがここにはある。

店内に1歩入るとハーブの爽やかな香り。階下にはミントなど様々なハーブの鉢が置かれ、天窓から降り注ぐ陽光とハーブの香りで、たまらなく心地よくなる。1階はアンティーク家具で重厚感のある雰囲気。

料理やケーキ、ドリンクにも成子さんが栽培した40種類以上のハーブが使われる。ハーブティーのブレンドもすべてオリジナルレシピ。「バラの香りのワインシャーベット」、「スパイスいっぱいのババロア」、「バジリコソースのスパゲティ」……。

「やっと来られました」と4人家族が訪れた。ぶらりと立ち寄るロケーションではないが、リピーターが多い。一度訪れると、その素晴らしさがわかるということだろう。

ゆっくりとくつろげる雰囲気の異なる空間

1. ハーブの香りに包まれる階下の空間。この一角は、農家の納屋といった風情
2. 外にあるテラス席も気持ちがいい
3. さりげなく置かれたものにも、ぬくもりとセンスを感じる
4. アンティークものが「grass-B」の魅力になっている

5
パンプキンタルト450円
ハーブティー 450円

自家製ハーブをメインに使う料理やドリンク

ハーブティーは成子さんのオリジナルブレンド。写真のケーキは、かぼちゃの自然な味を堪能できる「パンプキンタルト」

4

オーナーからひと言

「切り割りのバス停から徒歩で15～20分の山の上です。時間に余裕を持ってゆっくりなさってくださるとうれしいです」

information

0470-23-4980
住 館山市岡田527
営 12:00 ～ 17:00
休 木・金曜、第2・4水曜
P 12台
煙 全席禁煙（テラス席は喫煙可）
交 JR内房線「館山駅」より車で約15分

MENU

バジリコソースのスパゲティ　900円
ピッツア　900円～
オニオンキッシュ　450円
パンプキンタルト　450円
シャーベット　450円
スパイスいっぱいのババロア　450円
ハーブティー各種　450円
コーヒー　450円

里山暮らしを楽しむご夫婦の温かい人柄と作品に魅せられて

free style furniture DEW

フリー スタイル ファニチャー デュー

オフロードの山道を車でガタゴト登ると、林に囲まれたコテージ風の一軒家が見えてくる。「いらっしゃい」と温かい笑顔で迎えてくれたのは、店主の今井夫妻。ご主人の茂淑さんは古材を使う家具作家、奥様の京子さんは琥珀シェーパーでアクセサリー作家でもある。カフェにはアトリエやギャラリーも併設されている。

「東京から近くて海と山がある広い場所を3年探しましたが、見つからなくて。最後だと思って見に来たのがここでした」と奥様。東京から移住し、ハーフビルドでここを「開拓した(笑)」そう。窓の位置にもこだわったカフェは、古材を活かした手作り家具がしっくり馴染む素敵な空間。訪れる人はご夫婦とのおしゃべりを楽しみに来る人、本を読む人、裏山散策する人など楽しみ方も人それぞれ。

「冬は大西という大風が吹きますが、その風で森が掃除されて循環する。そんな自然の営みを感じながら、ずっとここにいようと思います」。

1.茂淑さん製作の味わい深い家具が並ぶ
2.コーヒーは千倉で焙煎された豆を使用
高家（タカベ）ブレンド（レギュラー）400円

オーナーからひと言

「森の精がいそうな
空気の澄んだ場所で
ゆっくりとお過ごしください」

3.5庭に面したテラス席は陽光がたっぷり入り、自然を満喫しながらお茶をいただける
4.周囲の自然に溶け込んだコテージ風の一軒家

information

フード　スイーツ　お酒　買い物

0470-36-1400
住 南房総市池之内430-4
営 11:00 ～ 17:00
休 月・火・水曜（祝日は営業）
P 5台
煙 全席禁煙（入口手前に灰皿設置）
交 JR内房線「九重駅」より車で約8分

MENU

コーヒー高家ブレンド
　レギュラー 400円　深煎り450円
　アイスコーヒー 500円
紅茶アールグレイ
　ホット400円　アイス450円
紅茶チャイ
　ホット450円　アイス500円
バナナジュース　500円
ギネス　500円

昔ながらの知恵が受け継がれる 手仕事を活かした豊かな食卓

大きなエノキに守られて…

Rice Terrace Cafe

ライス テラス カフェ

豊かな食を中心に心地よい暮らしを提案する「ブラウンズフィールド」にあるカフェ。マクロビオティック料理家の中島デコさん夫妻の住まいであり、宿泊やイベントなども行う。

スタッフ総出で改装したカフェのまわりには、大きなエノキの足元で風に揺れるブランコや木の下のハンモックが。目の前には田園風景が広がり、風の音や鳥のさえずりに耳を澄ますと、スイッチが切り替わるように五感で自然を感じ始める。

カフェでの食事は、自家製の無肥料、無農薬の米や野菜を中心に、地元の季節野菜をまるごと使い切る。野菜くずは鍋でコトコト煮てスープにしたり、堆肥として土に還したり。米は薪を割って昔ながらの羽釜で炊き、味噌や醤油も自分たちで作る。庭の梅の実をとって、梅干しも手作り。「かまどの玄米ごはんは、お客様からおいしかったとよく言われます」と、スタッフ。昔ながらの手仕事が、ごく自然に受け継がれている。

スタッフからひと言

「素材の味を活かし、卵や乳製品、白砂糖不使用です。デザートやドリンクも取り揃えています」

2

1

自然豊かな風景とゆったり空間

1.寝心地のいいハンモックは自由に使える
2.のんびりと草を食むヤギもいる
3.店内はテーブル席のほか、居心地のいい座布団席もある

自家製の無肥料、無農薬の米や野菜が中心

4.かまどで炊いた玄米ごはんに、6～7品のお惣菜と味噌汁が付く　5.ケーキには地元で採れた無農薬のブラックベリーを使用。デザートは週替わりで3種類ほど

5
ケーキ400円～

4
週替わりランチプレート1650円

3

information

0470-87-4501
住 いすみ市岬町桑田1501-1
営 金土日祝11:00 ～ 17:00
休 月～木曜（要確認）
P 20台
煙 全席禁煙
交 JR外房線「長者町駅」より車で約10分

MENU

週替わりランチプレート　1650円
おむすびセット　500円
ケーキ　400円～
オーガニックコーヒー　550円
オーガニックビール　600円
オリジナル豆乳チャイ　600円

別荘に招かれたゲスト
気分でのんびりと♪

木の上のティータイムも楽しめる
里山の隠れ家で極上の休日を

里山カフェ&ゲストハウス sou

Satoyamacafe&Guesthouse ソウ

冬でも暖かいテラス席で田園風景を眺めながらランチを楽しんだり、パチパチと燃える薪ストーブの前でロッキングチェアを揺らしながら、コーヒーをゆっくり味わったり。外のハンモックやベンチでピクニック気分にも。そんな思い思いの過ごし方で、つかの間の里山暮らしを満喫できるカフェ&ゲストハウス。

アクティブ派には、木の上のウッドデッキで淹れたてのコーヒーがいただけるツリーカフェ（11～5月まで・要予約）がおすすめ。オーナーの小林さんが木の上で淹れる自家焙煎コーヒーを飲みながら、地上6mの木の上から遠くの景色をぼんやり眺めたり、木々のざわめきに耳を澄ましたり。里山の空気をたっぷり味わうと、自然と元気が出てくる。「ここから日の出も見えるんですよ」と小林さん。ご夫婦で東京から移住し、自分たちの手で一から造り上げた里山のオアシス。日常に疲れたら、またここへ来たいと誰もが思うだろう。

3
カレーランチ900円

4
バスク風チーズケーキ400円

2
スコーン(自家製コンフィチュール添え)450円

1

好きな場所でランチやお茶を

1. 田園風景を望むテラス席　2. すべて手作りのスイーツは常時3種類。奥は「バスク風チーズケーキ」と「今月のおすすめコーヒー」　3. 骨付きモモ肉をトロトロに煮込んだトマトベースのオリジナル。サラダ、スープ付き。プラス150円でランチコーヒーも　4. 話題の人気スイーツ、スペイン・バスク地方のチーズケーキ

オーナーからひと言

「海から15分の場所にある、里山の自然に囲まれたとても静かなところです。ゆったりと流れる時間をお楽しみください」

7

6

5

眺めのいいツリーカフェ

5. ツリーカフェはひとり1500円で木の上でコーヒーまたは紅茶、ミニスイーツがいただける
6.7. 小林さんが裏山を整備し、シイの木にウッドデッキを取り付けたツリーカフェ

information

フード　スイーツ　お酒　買い物

0475-47-4103
住 長生郡睦沢町大谷木269
営 11:30 ～日没
休 月～金曜（祝日は営業）　P 5台
煙 全席禁煙
交 JR外房線「上総一ノ宮駅」より車で約15分
※大人数のときは要予約
※宿泊は1日1組限定。4名以上の宿泊で1人1泊4800円～（平日は要相談）

MENU

まんまる煮込みハンバーグ（スープ付き）　1100円
プリンアラモード　450円
ガトーショコラ　400円
今月のおすすめコーヒー　520円
紅茶（セイロン、アールグレー）　520円
カフェオレ　450円
チャイ　450円
自家製シロップを使ったソーダ　450円

里山の風景に溶け込む古民家で手作りのぬくもりにほっこりと

コーヒーくろねこ舎

Coffee Kuronekosha

里山の田園風景になじむ、どこか懐かしい入母屋造りの日本家屋。宮大工が建てたという昭和の家を、今野さん夫妻がセルフリノベーション。縁側に置かれたテーブル、古い梁や柱に合う杉のフローリング、センスのいいインテリアと、どこを撮っても絵になる店内は、手作りのぬくもりに満ちて、ほっこりと和む。

「一生ここで暮らしたいと思える場所を探しました」と、奥様のもとこさん。都内から移住し、念願のカフェをオープン。銀座の名店仕込みのコーヒーは、自家焙煎でしかもネルドリップで淹れるというこだわり。週替わりのランチも、地元の旬の素材をメインにした手作りの逸品だ。

「お米はいすみ市のつるかめ農園さんで無農薬、無肥料で作っているんですよとお客様にお話すると、とても喜んでもらえて。千葉に来てよかった」ともとこさん。移住者だからこそ気づく千葉の魅力を、カフェを通じて地元や県外の人々に伝えている。

昭和レトロの雰囲気にアンティークな家具や雑貨

1.天井に吊り下げられたドライフラワーやアンティークな雑貨がレトロな雰囲気に合う
2.保育士だったもとこさんが選んだ絵本をはじめ、約500冊もの本が揃うブックカフェ

1

2

オーナーからひと言

「のんびり珈琲と本の時間を過ごしていただけたらうれしいです」

千葉県産の旬の野菜や果物をたっぷり堪能

3. 4.「千葉に来てよかったことは、野菜や果物が新鮮でおいしいこと」ともとこさん。自宅菜園の採れたて野菜やハーブを提供することも　5.手前が「あまおうのタルト」。奥が「マンゴーとさくらんぼのガトーショコラ」　6.手前「シャインマスカットと抹茶クリームのタルト」、奥「洋梨とベイクドキャラメルレアチーズケーキ」。すべてもとこさんの手作り

3
ランチ一例　北総豚のローストポークプレート1000円

4
ランチ一例　グリルチキンのキノコソースプレート1000円

5
自家製梅ジュース550円
旬のフルーツケーキ
各450円

6
旬のフルーツケーキ
各450円

information

フード　スイーツ　お酒　買い物

080-4403-0319
住 茂原市台田327-1
営 11:30 ～ 16:00
休 不定休（HPで要確認）
P 9台
煙 全席禁煙
交 JR外房線「茂原駅」より車で約12分

MENU

旬のランチプレート　1000円
ケーキ各種　450円～
ハイロースト　450円
シティロースト　450円
フレンチロースト　450円
生メロンソーダ　550円
自家製梅ソーダ　550円
珈琲豆　100g/600円～

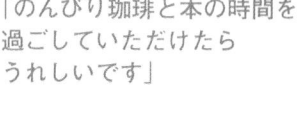

JR外房線に乗って「大原駅」へ。「いすみ鉄道」の旅の入口に到着。乗り降り自由の一日乗車券を買い、いよいよローカル線の旅がスタート。「大原駅」から「上総中野駅」まで、全長26・8キロの小さな旅。春には約13キロに渡って菜の花が咲き、桜も美しい。初夏はアジサイ、ホタル、秋は紅葉が楽しめる。車窓には関東とは思えないほど、のどかな田園風景が広がり、電車はガタン、ゴトンとゆっくり走る。ちなみに、「いすみ鉄道」では様々なイベントが開催され、車内でイセエビやジビエなどがいただける「レストラン列車」も運行中だ。

最初に降りたのは「風そよぐ谷国吉駅」。駅前には昭和レトロな喫茶店「カトレア」もあり、土日、祝日ならレンタサイクルのサービスがあるので、ここから自転車に乗って人気の鉄道公園「ポッポの丘」や、いすみのパワースポット「国吉神社」「出雲大社上総教会」、ちょっと足を延ばして自家焙煎コーヒーの「豆吉」などを巡っても。

房総半島の真ん中を走る菜の花ライン「いすみ鉄道」に乗って

いすみ鉄道カフェさんぽ

沿線の風景にも
ほっこり♪

いすみ鉄道沿線カフェ

JR外房線
大原
上総東
風そよぐ谷 国吉
上総中川 — ポッポの丘 カフェ TKG
城見ヶ丘 — 豆吉
デンタルサポート大多喜
小谷松
東総元
珈琲 抱（HUG）

次は「デンタルサポート大多喜駅」へ。「大多喜城」や「大多喜ハーブガーデン」などがあり、観光客も多い。「大多喜ハーブガーデン」内には、濃厚なバジルペーストのパスタなど、フレッシュハーブをふんだんに使ったカフェレストランもある。大多喜は房総の小江戸と呼ばれ、江戸時代から変わらぬ佇まいの酒屋や商家が今も残る。城下町の風情を楽しみながら、のんびりとぶらぶら歩くのがおすすめ。大多喜駅前には、町の観光拠点となる観光センター「大多喜町観光本陣」があるので、情報を仕入れよう。

小谷松駅と東総元駅の中間ぐらいにあるのが、「珈琲 抱（HUG）」。古い農家の納屋を改装した店内は、小さいながらも落ち着く雰囲気。マスターと常連客の会話を聞きながら、ホッとひと息。自家焙煎の香り高いコーヒーが、疲れた体に染み渡った。帰り道、人気のない夕闇の夷隅川を渡る。郷愁を誘う川沿いの風景を楽しみながら家路についた。

大多喜町観光本陣

里山の風景に
心が和む

珈琲 抱（HUG）
コーヒー ハグ

築100年の古農家でコーヒー豆の焙煎、販売を行う。2010年より喫茶を開始。手回しロースターでじっくり焙煎されたコーヒーが評判。

090-6007-5969
住 夷隅郡大多喜町堀之内407
営 12:00～17:00
休 月・火曜

まだまだあります

ポッポの丘 カフェ TKG
鉄道公園ポッポの丘にあり、たまごかけごはんやコーヒーなどが電車車両の中でいただける。

0470-62-6751
住 いすみ市作田1298
営 11:00 ～ 15:00
休 火～木曜

豆吉
山小屋のような一軒家で、薪ストーブのある自家焙煎コーヒー店。ケーキやパスタ、ピザも楽しめる。

0470-80-1319
住 夷隅郡大多喜町下大多喜1046-2
営 11:00 ～ 19:00
休 火・水曜
※状況により休業あり

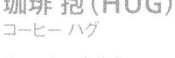

column

カフェのこだわり❷

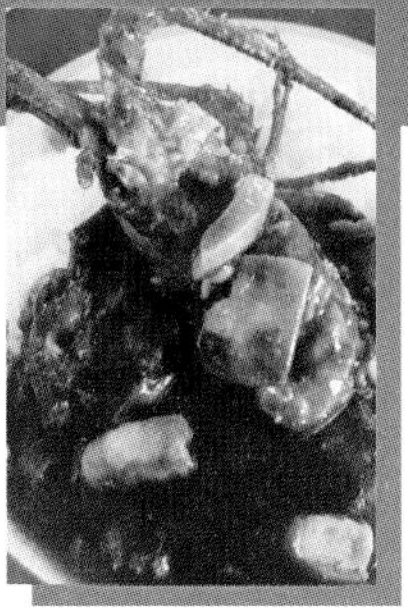

「地産地消」「こだわり食材」千葉カフェめしのおいしいヒミツ

カフェでいただく食事、いわゆる「カフェめし」「カフェごはん」は、和食あり、洋食あり、イタリアンやフレンチ、タイやメキシコ料理まで、ジャンルにとらわれないところが魅力。ワンプレートや丼など手軽なメニューが多く、手作り感やオシャレな盛り付けも「カフェめし」の特徴で、家庭でもまねできそうなところから、「カフェめし」スタイルのレシピ本も大人気。レストランよりも手軽、家庭よりもオシャレでおいしい、それが「カフェめし」人気の理由だろう。

今回の取材先でも、たくさんの「カフェめし」に出合った。自家栽培の野菜を使う「のうえんカフェ」など、地元の野菜をメインに使用する、いわゆる「地産地消」の店が多いのも特徴的だった。

また、自分たちがおいしいと感じたものは、コストがかかっても積極的に取り寄せて提供する店もある。高知県の黄金生姜で手作りシロップを作る「Café のっぽ 141」や、福岡県から野菜を取り寄せる「紅茶と食と台所 糸」など。そんなこだわり食材を使うのも、「千葉カフェめし」の特徴だろう。

街カフェ

第3章

家の近所や会社の近く
買い物ついでにカフェさんぽ
寄り道だってときには必要
お気に入りのカフェを探しに
さあ、出かけよう

Area

千葉市　八千代市　習志野市　船橋市　市川市　鎌ヶ谷市
松戸市　柏市　印西市　我孫子市　野田市

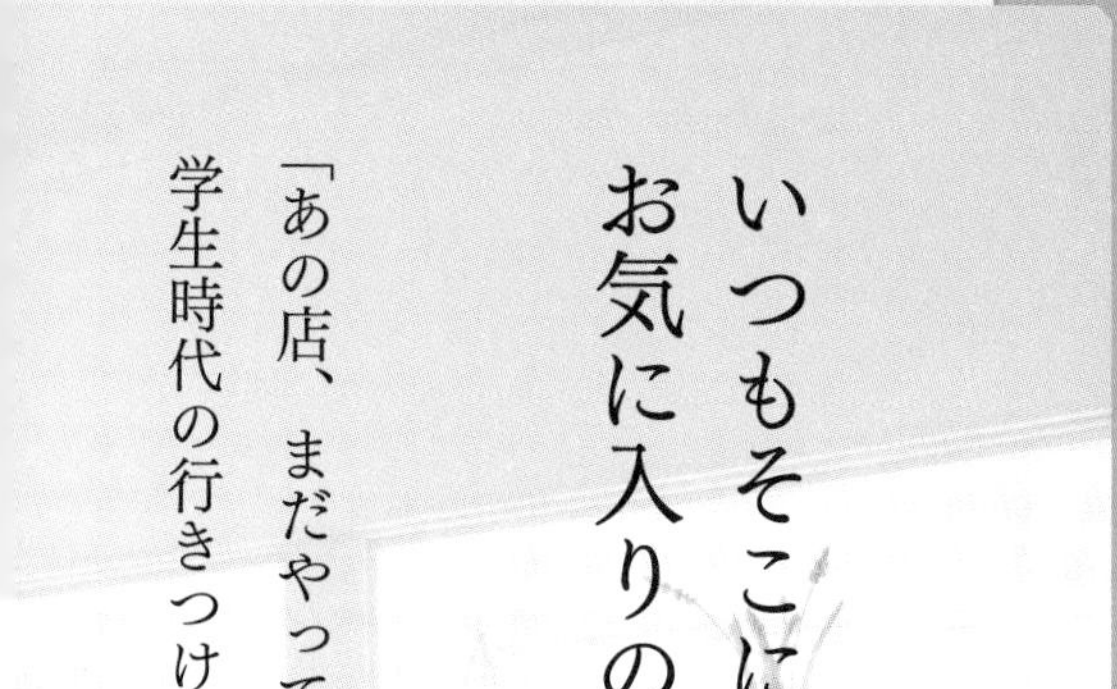

いつもそこにある
お気に入りの街カフェへ

「あの店、まだやっているのかな？」

学生時代の行きつけだった街カフェへ。

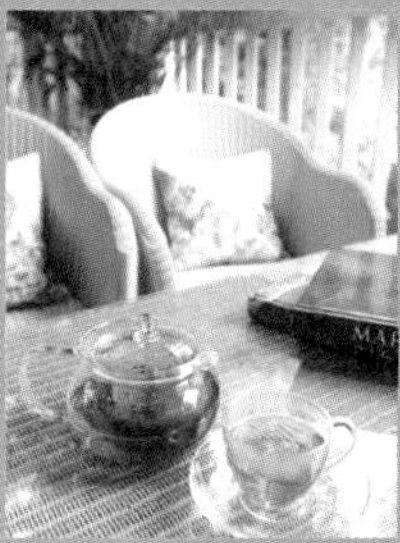

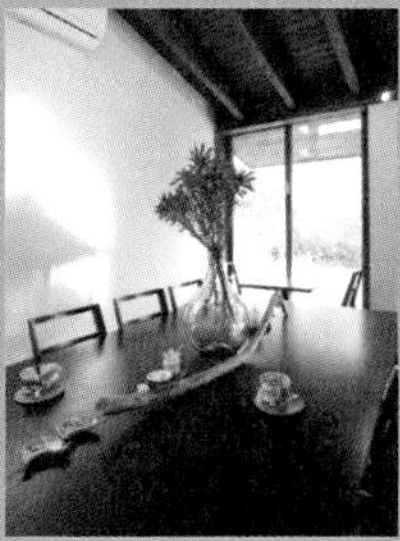

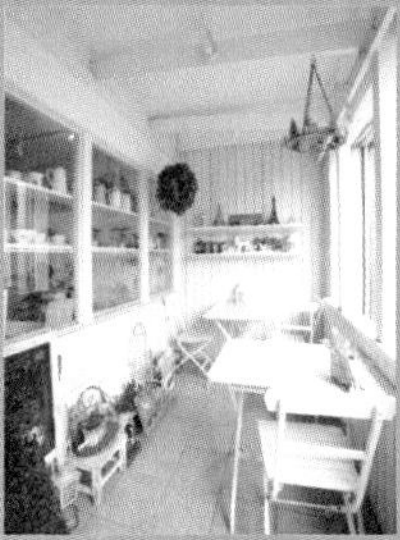

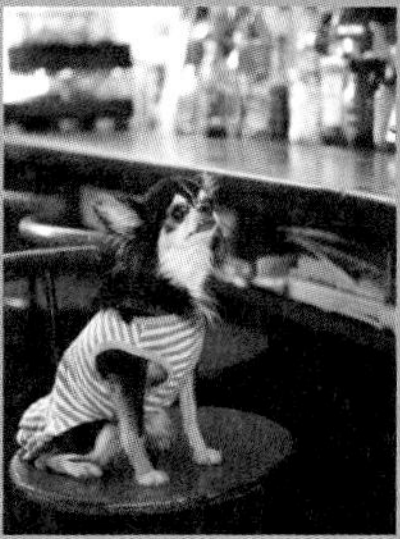

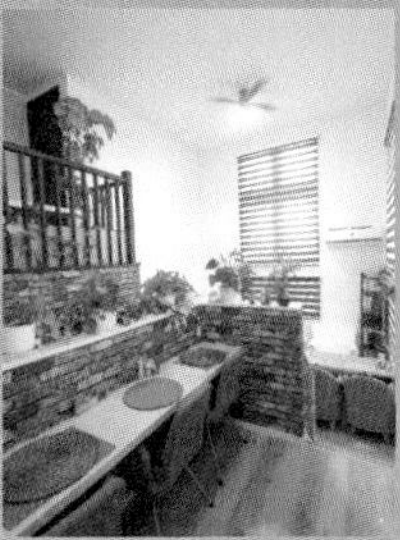

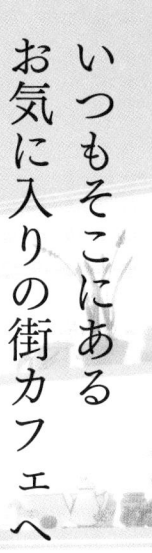

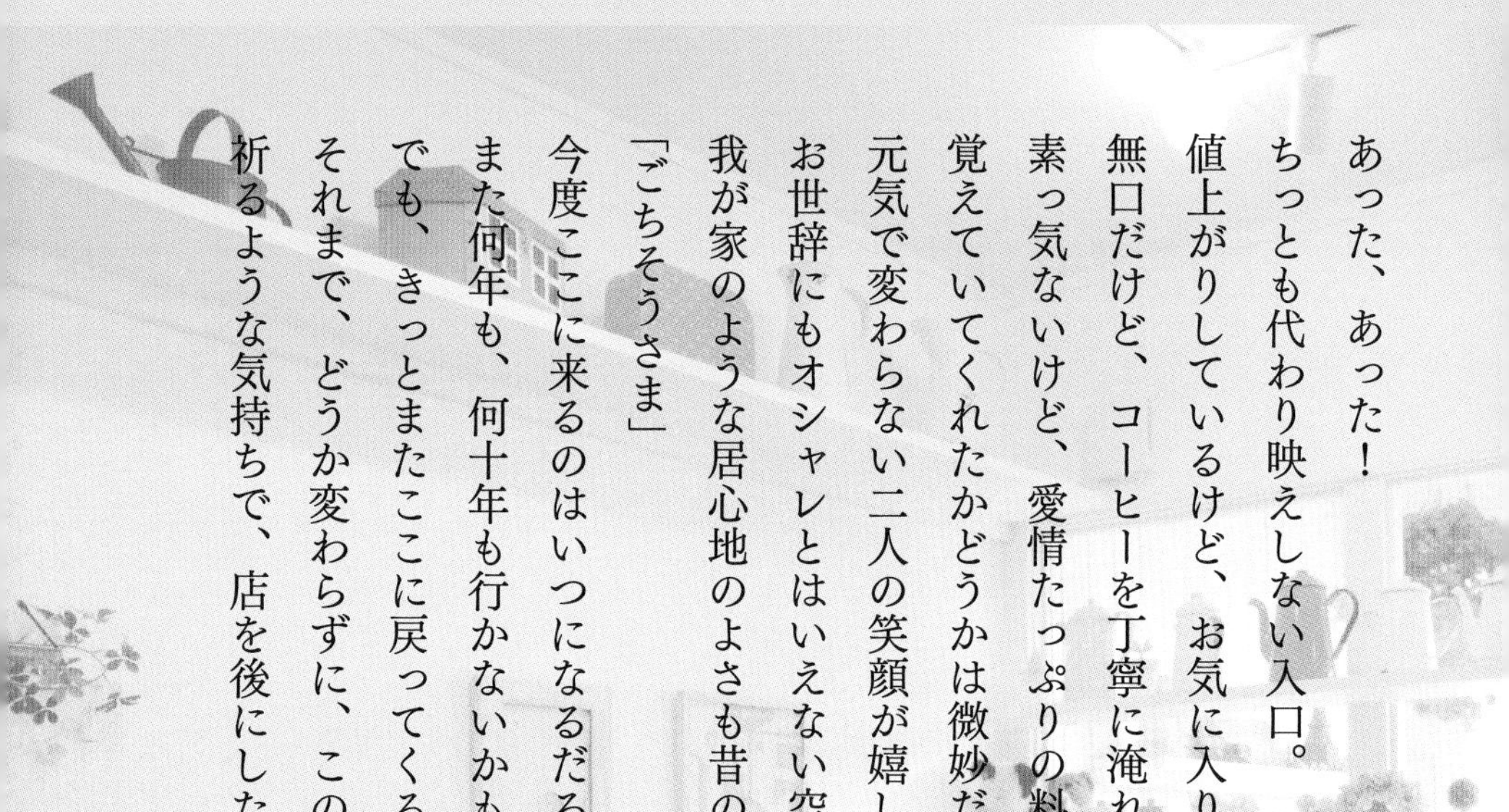

あった、あった！
ちっとも代わり映えしない入口。
値上がりしているけど、お気に入りのメニューもそのまま。
無口だけど、コーヒーを丁寧に淹れてくれるマスターと
素っ気ないけど、愛情たっぷりの料理を作ってくれるママ。
覚えていてくれたかどうかは微妙だけれど、
元気で変わらない二人の笑顔が嬉しい。
お世辞にもオシャレとはいえない空間の、
我が家のような居心地のよさも昔のままだ。
「ごちそうさま」
今度ここに来るのはいつになるだろう。
また何年も、何十年も行かないかもしれない。
でも、きっとまたここに戻ってくる。
それまで、どうか変わらずに、この店がありますように。
祈るような気持ちで、店を後にした。

Machi cafe

道の突き当りにあり、
お洒落な外観が目を引く

「南の島の小さな家」には居心地よい空間と
自家焙煎で淹れるこだわりの珈琲が

kope ～自家焙煎珈琲～

コペ～Jikabaisencoffee～

ペパーミントグリーンの外観と、軒先に停まる黄色のベスパが目に飛び込んでくる。「ｋｏｐｅ」のコンセプト「南の島の小さな家」にふさわしいイメージで、いいことありそうな予感が…。いいことのひとつは、自家焙煎のコーヒー。「コーヒーが大好きで、コーヒーを極めていたら自家焙煎に行きついたので」、カフェを出してしまったというオーナーの今田岳仁さん。コーヒー豆は収穫したてのニュークロップ（新豆）を中心に厳選、毎日少量ずつ焙煎して、ネルドリップで丁寧に淹れる。

ふたつめは今田さんがつくる居心地のよさ。オープン当時は小さな子供だった客が大人になっても通ってくるという。ハワイが好きという今田さん、「ｋｏｐｅモコ」や「フレンチトースト」などハワイ風アレンジ料理が味わえる。すべてに手を抜かず、作りたてを出すことを心がけている。「南の島の小さな家」で客は思い思いに楽しんでいるように映った。

自家焙煎した豆を使用

ニュークロップを中心に厳選した豆は苦みを抑えて甘みが出るように焙煎。豆は購入もできる

ハワイアングッズが飾られた店内

ハワイをイメージするウクレレなどのグッズが飾られたカジュアルな雰囲気の店内

オーナーからひと言

「誕生日にケーキを注文するとウクレレを弾きながらの歌のプレゼントがあるかも」

4
ケーキとドリンクセット950円～

3
kopeカレー 900円

2
ハニーキャラメルラテ
600円

1
黒蜂蜜とレモンのソーダ
600円

メニューはすべて手間をかけて手作り

1.「黒蜂蜜とレモンのソーダ」。春・夏限定　2.キャラメル、エスプレッソ、生クリームの3層の「ハニーキャラメルラテ」。キャラメルを溶かして作る本格的な味　3.牛すじをじっくり煮込んで作る「kopaカレー」4.「たけさんの気まぐれケーキ」は日替わり。フルーツがたっぷり付いて美味

information

フード　スイーツ　お酒　買い物

043-235-4363
住 千葉市若葉区都賀3-26-8
営 10:30 ～ 21:00
休 不定休
P なし
煙 全席禁煙
交 JR総武本線・千葉都市モノレール「都賀駅」より徒歩約3分

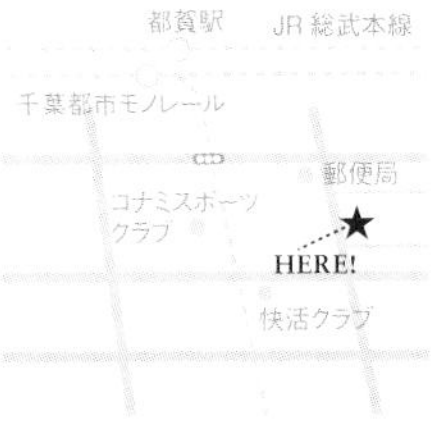

MENU

kopeモコ　900円
チーズリゾット　1000円
フレンチトースト　730円
たけさんのきまぐれケーキ
　レアチーズケーキなど　550円
　～（400円プラスでドリンクが
　付く）
ストレートコーヒー　500円
kopeブレンド　480円

デリ6種類にサラダ、スープ、ドリンクが付く
「デリプレート」1200円〜

100％ビーフの「グラハムハンバーガー」1560円
サラダ、皮付きポテト、ドリンク付き

創意工夫されたワンプレートスタイルのランチが魅力

Cote café

コテ カフエ

ガラス張りの解放感溢れる店内、スタイリッシュでカジュアルな設え。「今日はどの色の椅子にしようかしら」、そんな小さなワクワク感も生まれる空間だ。

そしてワンプレートスタイルのメニューにもその工夫にワクワクが。一押しは6種類の自慢のデリが付く「デリプレート」。サラダ、スープ、ドリンクが付く。ジューシーな100％ビーフのパテとチェダーチーズの「グラハムハンバーガー」はボリュームも満点。テイクアウトができる。

デザートでは定番の手作り「コテプリン」、韓国生まれの「スノーパウダー」がおすすめ。テラス席はペットOKで、「ワンコの日」には犬のワンプレートメニューが。

コテカフェのあるトミオヴィレッジ高品には、tomio本社をはじめインテリアショップやカフェ、花屋、雑貨店、ドッグラン、工房などの暮らしを彩る施設が揃い、食事の前後、1日を存分に楽しめる。

オーナーからひと言

「それぞれのスタイルでランチやティータイムをお楽しみください」

1

明るく開放的な店内

1.モノトーンの中にカラフルなイームズチェアが目を惹く店内。ひとりでも気軽に入れるのがいい　2.テラス席はペット同伴もOK

スノーパウダー 880円

3

2

女性客を意識したメニュー

3.「スノーパウダー」はマンゴー・抹茶・ショコラの3種類の味がある　4.濃厚な味わいの「コテプリン」　5.手作りの「バスクチーズケーキ」など、ケーキも各種楽しめる

5
ケーキ各種440円～

4
コテプリン418円

information

フード　スイーツ　お酒　買い物

043-309-5686
住 千葉市若葉区高品町250-1
営 11:00 ～ 18:00
休 水曜
P 30台
煙 全席禁煙（テラス席はペット可）
交 JR「千葉駅」より千葉内陸バス15番乗場「四街道北口行き」で「高品坂下」下車、徒歩3分。京葉道路「穴川IC」より5分

MENU

デリプレート　1200円～
（サラダ、スープ、ドリンク付き）

グラハムハンバーガー　1560円
（サラダ、皮付きポテト、ドリンク付き）

ピザ　1500円

ビネガードリンク（黒酢ぶどうベリー、リンゴ酢レモン）　550円

コーヒー　440円～

日差しが気持ちいいテラス席

上質なくつろぎの時間を、
美味なケーキとともに提供

マザームーンカフェ 美浜

Mother Moon Café Mihama

「ロサンゼルスで見たカフェ」を再現したのが「マザームーンカフェ」のスタートで21年前になる。「自宅のリビングでくつろぐ」をコンセプトに、テーブルやソファ席、観葉植物などを、統一されすぎない空間を意識して配置。時間帯で変わる客席の状況を見て、音楽や照明も変化させるなど居心地のよさを大切にしている。この居心地のよさと美味しいケーキを求めて来るファンが多い。

ケーキはアメリカの家庭で作られるようなホームメード感におしゃれ感がプラスされた、季節のフルーツタルトやアップルキャラメルなど数種類あり選ぶのに迷ってしまう。人気No.1は「アーミッシュカントリーケーキ」でコーヒーとの相性が抜群。ドリンクの一押しは「デザインカプチーノ」。バリスタがエスプレッソ、ミルクフォームにこだわり、ラテアートも楽しめる。

天気のよい日にはテラス席ですごすのもおすすめ。

時間帯や客の状況で照明を変化させる

自宅のリビングがコンセプト

インテリアショップ「ティンバーヤード」に併設されたカフェということもあり、コンセプトは「リビングルーム」。テーブル席とソファー席、カウンター席があり、その日の気分で選べるのもいい

3
ホットカフェラテ580円

2
季節のフルーツタルト740円

1
アーミッシュカントリーケーキとカプチーノ。セットで1130円

ボリュームも満点の美味なケーキ

1.「アーミッシュカントリーケーキ」。さっぱり生地にナッツとブラウンシュガーの甘い層が絶妙なバランス。バニラアイスと生クリームが付く　2.「季節のフルーツタルト」。甘さほどほどのカスタードと新鮮なフルーツがたっぷり。アイスクリームが付く　3.「ホットカフェラテ」。ラテアートが心を和ませてくれる。リクエストしてみては……

オーナーからひと言

「この空間で過ごしていただく時間が、上質であることにこだわっています」

information

スイーツ　お酒　買い物

043-204-3566

住 千葉市美浜区新港117
ティンバーヤード
営 11:30 ～ 22:00
休 水曜
P 15台
煙 全席禁煙（テラス席は喫煙可）
交 JR京葉線「稲毛海岸駅」より車で約10分

MENU

ケーキ　680円～
（ケーキセットはドリンクすべて390円）

ホットカフェラテ　580円

コーヒー　470円

ダージリン、セイロンなど紅茶
630円

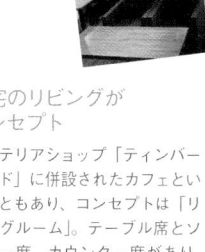

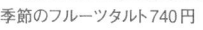

本とお酒とフレンチ…
アートなサロンへようこそ

TREASURE RIVER book cafe

トレジャー リバー ブック カフェ

お酒を、珈琲を愛し、アートな本も好き。そんな大人が心から求めていたサロンがここにある。壁にはセンスのいい写真集からマニア垂涎の本がぎっしり並び、わくわくしてしまう。「常連さんは本なんか見ないで、もっぱらお酒を飲みに来ていますけどね」とオーナーの宝川さん。

そりゃそーだと思ってしまう、お酒のラインアップ。ワイン、カクテル、それに世界のクラフトビールは30種類以上…。イタリアンの名店で修業を積んだという、オーナー手作りの酒のつまみが絶品。

「田舎風フレンチ定食」、「宝川流季節のサラダ」も人気だ。忘れてならないのが珈琲。日本全国から厳選した豆を使い、丁寧にドリップされた珈琲を堪能できる。

宝川さんは千葉市の一大イベント「千夜市夜」を企画するなど、活動家の顔も持つ。ここはまた、千葉を愛する人たちのサロンでもあるのだろう。

オーナーからひと言

「お好きな本を片手に、お好きなお酒で至福のひとときを」

新しい発見がある

写真集などアート本が並ぶ書棚。中にはマイケル・ジャクソンの着せ替え集など宝ものも。新しい出合いや発見が楽しい

3

2

1

こだわりのお酒たち

1.新鮮な魚や無農薬農家から直送される野菜を使った田舎風フレンチ。写真は「サンマのタルタル」。ワインとの相性抜群　2.世界のクラフトビールは30種類以上　3.ワインは10種類以上。好きな本を傍に至福のひとときを

サンマのタルタル（パン・サラダ付き）
1000円

information

フード　スイーツ　お酒　買い物

043-304-6964
住 千葉市中央区登戸1-11-18
潮第2ビル102
営 平日15:00～翌1:00
土日祝11:30～翌1:00
休 不定休
P なし
煙 喫煙（ランチタイムのみ禁煙）
交 JR「千葉駅」西口、京成千葉線「新千葉駅」より徒歩約4分

MENU

田舎風フレンチ定食
（パン、サラダ付き）1000円
本日のパスタ
（パン、サラダ付き）1000円
宝川流14品目の季節の
サラダボウル（パン付）1000円
ビール　580円
ワイン（グラス）　490円～
珈琲　450円

スタイリッシュな倉庫カフェでこだわりのコーヒーを

cobuke coffee

コブケ コーヒー

倉庫をスタイリッシュにリノベーションしたカフェ。この会社の社員で、飲食店経験のあった福島さんが、空き倉庫を使ってカフェを起ち上げた。「最初は集客も難しかったのですが、2年目ぐらいからお酒を出したり、ネットを始めたりして少しずつ口コミやSNSで知られるようになりました」と、福島さん。今では8割が女性客という人気店だ。

店がある小深町にちなみ、「小さく深く見る」をコンセプトに、一人ひとりの暮らしに寄り添うリビングのような店内に、こだわりのコーヒーが人気の秘密。開店当初からイタリア製の希少なエスプレッソマシーンを使い、自家焙煎の豆やオーナーがこれは！と思った店の豆を、バリスタが丁寧にドリップ。この店で経験を積み、独立して自分の店を持ったバリスタもいるとか。

食事も千葉県産の野菜をはじめ、厳選された食材を使い、ローストビーフなどが評判だ。

シンプルで洗練された空間

1.高い天井に、大きな窓、倉庫の開放感を活かした店内。テーブルにはさりげなくグリーンが　2.一人でも気兼ねなく過ごせる長机のテーブル席　3.ゆったりくつろげるソファー席

2

3

1

オーナーからひと言

「お食事は体にいいものを厳選しています。
おひとりでも、グループでも、ごゆっくりどうぞ」

5
ブラックアンガス牛の炙りローストビーフ丼（スープ付き）1408円

4
アイスカフェラテ495円　はちみつレモンのムースチーズケーキ550円

香ばしく炙るローストビーフ！

4.バリスタが淹れるアイスカフェラテ。ホットならラテアートも楽しめる
5.柔らかでジューシーなローストビーフを炙って仕上げる自慢の一品

information

フード　スイーツ　お酒　買い物

043-312-3344
住 千葉市稲毛区小深町79-2
営 10:00 ～ 18:00（フード11:00 ～ 17:00LO）
休 なし
P 20台
煙 全席禁煙（テラス席は喫煙可）
交 JR総武本線「四街道駅」より徒歩約15分

MENU

ローストビーフと日替わり肉の贅沢プレート（スープ付き）1980円
千葉県産ブランド豚の照り焼き丼（スープ付き）　1100円
日替わりカレー（スープ付き）1100円
ケーキセット（お好きなケーキとドリンク）　880円
Cobukeブレンド　495円
カフェラテ（Hot&Ice）　495円
自家製ドリンク　550円～

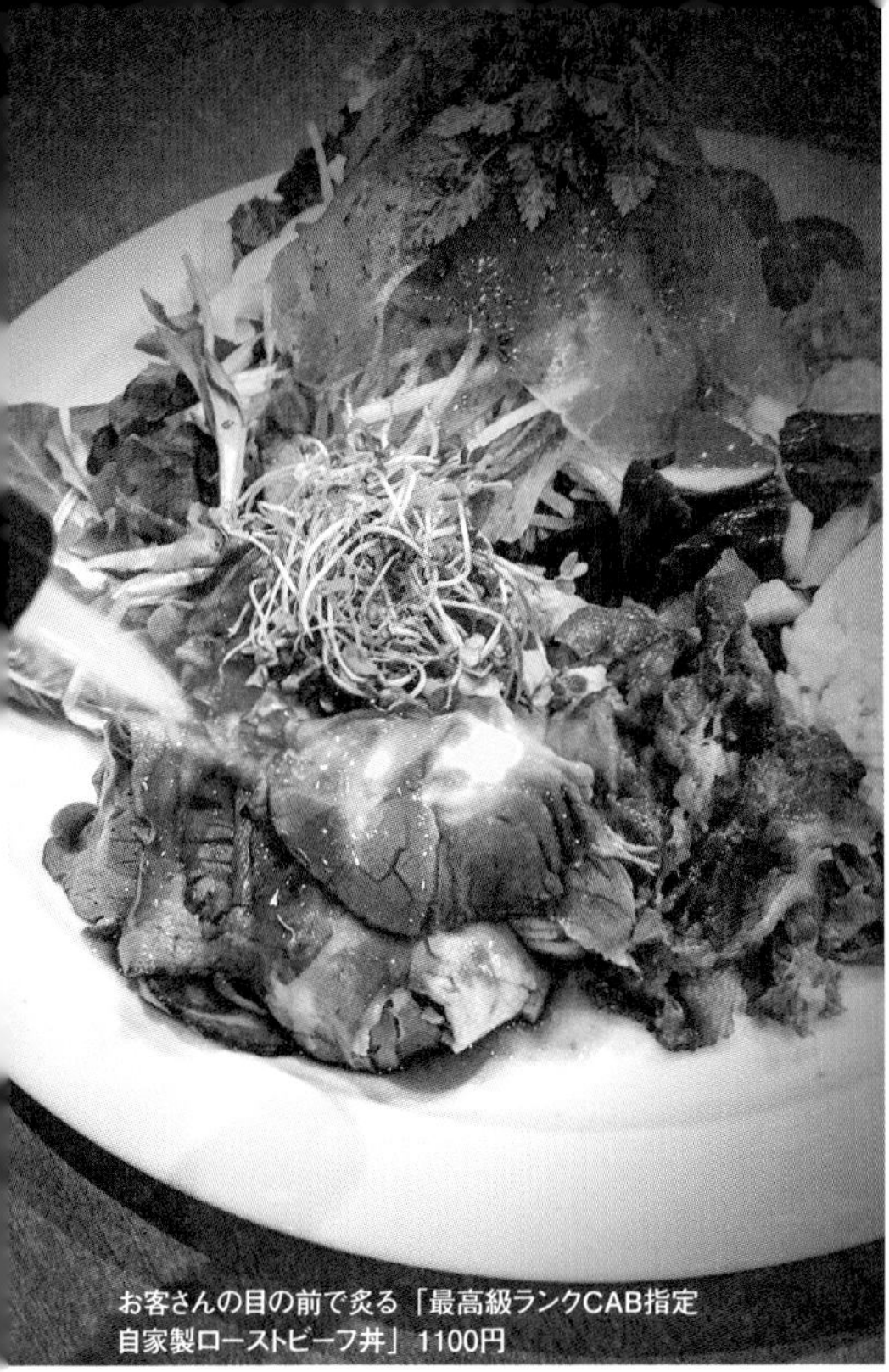

お客さんの目の前で炙る「最高級ランクCAB指定自家製ローストビーフ丼」1100円

サラダもボリューム満点。サプライズにも!
「肉ケーキ」3300円～（写真は5500円）

洞窟の隠れ家で
ガッツリ大満足の肉料理

Crystal Healing Cafe

クリスタル ヒーリング カフェ

人気カフェ「コブケコーヒー」の系列店として、2020年7月にオープン。有名テーマパークのアトラクションを手がけた建築家がデザインした店内は、まるで洞窟のような不思議空間。壁に大きな水晶が埋め込まれ、水晶の浄化作用でお客さんからも「空気がきれい」「癒やされる」と好評だとか。

食事がメインのカフェは、肉料理が充実。千葉県産の和牛や豚、鶏から、君津や袖ケ浦のイノシシなど希少なジビエが登場することも。「お客様のリクエストには、できるだけお応えしたい」と、SNSなどを通じてメッセージをもらい、オリジナルメニューを提供することもあるそう。

「カフェとしてはもちろん、ファミレスのようにご飯をしっかり食べたい人、バルや居酒屋のようにお酒を楽しみたい人など、様々なニーズに合わせて利用できる店に」とオーナーの福島さん。いつでも気軽に使える、頼もしい街カフェになりそうだ。

3

2

1

洞窟の隠れ家

1.洞窟に迷い込んだような非日常感を味わえる店内　2.プラネタリウムプロジェクター完備の個室（チャージ料あり）　3.壁にはヒーリング効果の高い大きな水晶が！

オーナーからひと言

「お客様のリクエストにお応えできるように、地産地消の様々な食材をご用意しています」

丁寧な手仕事で料理を提供

4.上質の牛肉を炙っていただく　5.山のように盛り付けられたジンジャーポーク　6.店内で仕込む自家製クラフトドリンクは種類も豊富

SNS映え！

6

おまかせドリンク880円

5

千葉県産いも豚のやみつきジンジャーポーク丼990円

4

A5ランク黒毛和牛の炙り寿司（一貫）550円

information

フード　スイーツ　お酒　買い物

043-441-8650

住 千葉市若葉区西都賀3-2-3
INGビル1F

営 ランチ11:00 ～ 16:00（15:00LO）
ディナー 18:00 ～ 22:00（21:00LO）
日曜11:00 ～ 16:00（15:00LO）
※営業自粛期間中は～ 20:00（19:00LO）

休 月・火曜　P なし（近くにコインPあり）

煙 全席禁煙　交 JR総武本線・千葉都市モノレール「都賀駅」西口より徒歩約1分

MENU

日替わりランチプレート
（ドリンク付き）　1980円

クリスタルヒーリングカフェ
お任せ丼　1540円

千葉県産いも豚使用の
無水ポークカレー　1100円

野菜たっぷりふわふわ生ハム
サンド　880円

ブレンドホットコーヒー　440円

自家製ジンジャーエール　550円

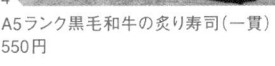

窓から光がたっぷり差し込む、ゆったりした店内

イングリッシュガーデンを望みながら優雅にランチ&ティータイム

Garden Salon

ガーデン サロン

オールドローズをはじめとするバラや宿根草、ハーブが四季折々に美しい表情を見せるイングリッシュガーデンを望みながらティータイム。そんな優雅なひとときを過ごせるのが「ル ジャルダン デュ ソレイユ」2Fのカフェ「ガーデン サロン」。1500坪の広大な「貝殻亭リゾート&ガーデン」の一角にあり、店内のインテリアがリゾート地の雰囲気を醸し出している。

1階がパティスリーで、パティシエ特製のケーキは種類も豊富。優雅にいただく英国式アフタヌーンティーは完全予約制。ランチタイムには50種類以上の食材で作り込む「薬膳カレー」が人気だ。トッピングにはホロホロに煮込まれた「若鶏のコンフィ」や「豚バラ肉のスペアリブ」がおすすめ。他にも、リーズナブルで種類豊富なパスタなどが気軽に楽しめる。

食事の前後にイングリッシュガーデン散策を。季節の花やハーブから元気がもらえるはずだ。

2
八千代薬膳カレー 1380円

1
アフタヌーンティー 14時から。セットは2200円

名店の味を堪能

1.サラダ・スープ・サンドウィッチ・スコーン・ケーキなどが付いた豪華2段。好きな飲み物（一部対象外）と一緒にどうぞ
2.50種類以上の食材を煮込む薬膳カレー。鶏や豚のコンフィが人気

5
地野菜と昆布のペペロンチーノ
880円

4

3

リゾート気分で優雅に

3.2011年にオープンしたイングリッシュガーデン
4.1階では洋菓子を販売、2階がカフェ
5.旬の野菜もとれる女性に嬉しいパスタ

スタッフからひと言

「どの季節も美しい庭の景観と真心込めたケーキをお楽しみください」

information

フード　スイーツ　お酒　買い物

047-409-2040
住 八千代市勝田台北2-4-2 2F
営 ランチ11:00 ～ 15:00LO
カフェ 11:00 ～ 16:00LO
（1Fソレイユ10:00 ～ 19:00）
休 火曜
P 25台
煙 全席禁煙
交 京成本線「勝田台駅」、東葉高速鉄道「東葉勝田台駅」より徒歩約5分

MENU

パスタ各種　880円～
薬膳カレー　860円
英国式アフタヌーンティー
2200円
モンブラン　520円
ショートケーキ　520円
ソレイユロール　780円
本日のコーヒー　620円～
ホットティー　660円～

ワクワクさせてくれるアートに囲まれ
おいしいカフェ料理に満たされる

Art Café　Pic Nic

アートカフェ　カフェ ピクニック

お店の前に立った瞬間から、ワクワクしてくる。「ピクニックに行くときのワクワク気分で楽しんでいただければ」と福島さんがピクニックをオープンしたのは2008年。ワクワク感を大切にしながらも2021年春からギャラリーを兼ねたアートカフェとしてスタートした。

店内にはパリやロンドンで買い付けたおしゃれな雑貨や作家さんの作品が所狭しと飾られ、月替わりで作家さんの展示をしている。素敵なものに出合え、刺激を受けるワクワク感がここにはある。

食事メニューの人気トップ3は「タコライス」「バターチキンカレー」「グリーンカレー」。ランチ時間に限らずに注文できるのはうれしい。人気のデザートはオープン当初からある「クレームブリュレ」。

注文をしたら、店内をのんびり見てまわって。疲れた心もきっと癒されるはず。自分時間を充実させてくれるカフェだ。

アートやおしゃれな雑貨に囲まれて

壁には福島さんが好きで集めた絵が飾られている。「アートを通して人のつながりが生まれるのも楽しく、また、作家さんを応援したい気持ちもあり」アートカフェを始めたと福島さん

オーナーからひと言

「みなさんの楽しい
オアシスのような空間で
あればと思っています」

2
かぼちゃのケーキ

3
グリーンカレー

1
タコライス

食事メニューもいろいろ

1.メキシコ料理のタコスをご飯の上にのせて野菜がたっぷり付いた「タコライス」 2.かぼちゃがたっぷりの「かぼちゃのケーキ」はしっとりタイプ 3.ココナッツミルク味のちょっと辛い「グリーンカレー」。野菜たっぷりがうれしい。サラダに付くオリジナルドレッシングが美味（タコライスも）

information

フード　スイーツ　お酒　買い物

047-483-3327

住 八千代市勝田台1-35-9鈴木ビル1F
営 11:00～（平日は夕方、金土日は夜まで）
休 火・水曜（不定休あり）
P なし（近くにパーキングあり）
煙 全席禁煙（テラス席は喫煙可）
交 京成本線「勝田台駅」、東葉高速鉄道「東葉勝田台駅」より徒歩約5分

MENU

タコライス、バターチキンカレー、グリーンカレーなどの
食事メニューは1200円～
（サラダ・こばち・ドリンク付き）

デザート類は1000円～
（コーヒー、紅茶などのドリンク付き）

コーヒー、カフェラテ　500円

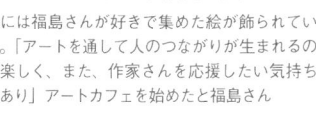

古いフランス映画のワンシーンのよう

フランス映画のヒロイン気分で珠玉の一杯を心ゆくまで味わう

Cafe 螢明舎 谷津店

カフェ Keimeisha yatsuten

「お客様が扉を開けたときから、非日常の空間を感じていただけたら」と、店主の下田さん。アフリカの巨木ブビンガーの一枚板のカウンターに、アンティーク調の重厚なインテリア。ランタンの優しい灯りがほのかに店内を照らしだす。

かつてジャズ喫茶店主だった作家・村上春樹がエッセイにおいしいと書いた自慢のコーヒーは、今では珍しくなってきたネルのハンドドリップでじっくり丁寧に淹れてくれる。セラーでエイジングされたオールドビーンズを使うコーヒーは、酸味と甘味が絶妙なロア・ブレンドと、苦味と甘味、スパイシーでコクのあるケア・ブレンドの2種類。そのままでも十分満足だが、砂糖やクリームを入れるとスイーツのような味わいに変化する。しっとりと濃厚な味わいのタルトも絶品で、コーヒーとのマリアージュはまさに〝口福〟だ。谷津店のほか、写真家の故・星野道夫が常連だった八幡店もある。

1

3
いちじくとプルーンのタルトと
コーヒーのセット1000円

2
キッシュプレート1250円

オーナーからひと言

「何も変わらずに、
ずっとこの場所で
お客様をお待ちしております」

非日常の空間で至福のひととき

1.カウンターの奥にある広々としたテーブル席
2.開店から15時までの「キッシュプレート」は、チーズとホワイトソースがたっぷりの具だくさんキッシュ、クスクス、青菜。コーヒーまたは紅茶付き
3.タルトもすべて自家製

information

047-451-1669
住 習志野市谷津4-6-34
営 10:00 ～ 20:00
休 月曜
P なし（近くにコインPあり）
煙 分煙
交 京成線「谷津駅」より徒歩約５分

MENU

キッシュ　850円
キッシュプレート　1250円
サンドウィッチ3種　各850円
いちじくとプルーンのタルト
500円（セット1000円）
ロア・ブレンド　550円
ケア・ブレンド　550円
カフェ オレ　600円
ダージリン　600円

白壁と木目を生かした空間

笑顔と笑顔がつながって
小さな幸せに気づくひと時

Cafe 279

カフェ ツナグ

店主の原口さんが長年の夢をかなえた自宅カフェ。好きなことを仕事にしたいと思いながら、子育てと仕事で忙しい毎日を過ごすうち、幼稚園の送迎でずっと立ち話をするママたちを見て、ゆっくりできるカフェを開こうと一念発起。そんな想いに共感してくれた大勢の人が、自宅の改装を手伝ってくれたそう。

白を基調としたリビングのような空間に、ご主人作の大きな本棚。親子で楽しめる本のセレクトがうれしい。日替わりの手作りマフィンを頬張り、ママたちが時間を忘れてくつろぐ。「アロマレッスン」など、店で開かれる様々なワークショップにも、子連れで参加してくれるとか。

「ここで旧友に再会したり、新しい友人ができたり、ドラマのような出会いもあって。お客様から２７９でつながった、２７９ったよなんて言われます」。人と人がつながる小さな奇跡。これからもこの店で、笑顔の連鎖が広がっていくのだろう。

リビングのようなくつろぎ感

1.ご主人お手製の本棚は階段つき
2.自然光たっぷりの店内でワークショップも開催
3.原口さんとおしゃべりも楽しめるカウンター席

手作りマフィンでほっこりと

4.本日のマフィンは干し柿とくるみ。インスタ映えする2層のアイスフルーツティー
5.甘くない食事系マフィンに、たっぷりの野菜。スープ付き
6.本日のデザート、「エスプレッソのブラマンジェ」

5
日替わりグルメマフィンランチ1100円

6
日替わりデザート400円～

4
日替わりマフィン420円
アイスフレーバーティー 660円(セット割引あり)

オーナーからひと言

「人と人。人とモノ。
何かと何かがつながる
場所でありたいです」

information

フード　スイーツ　お酒　買い物

047-493-3238
住 船橋市前原西4-29-1
営 11:00 ～ 16:00
休 不定休
P 2台
煙 全席禁煙
交 JR総武線「津田沼駅」より徒歩約14分

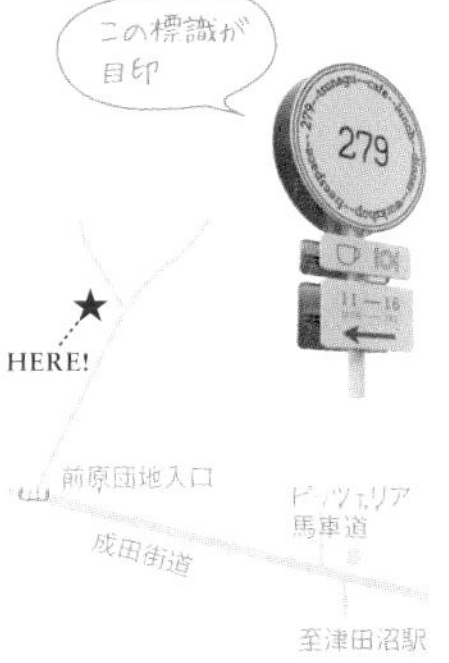

MENU

ガパオライス、チリコンカンなど
ランチセット　1200円
（ランチドリンク200円引き、ランチデザート100円引き）
日替わりグルメマフィンランチ　1100円
日替わりマフィン　420円
279ブレンド　550円
カフェラテ　600円
フレーバーラテ　660円

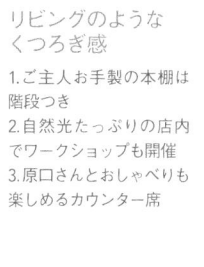

階段を上ると
カウンター席
OPEN

おうちカフェのくつろぎに
テーマパークのワクワク感あり

cafe いもーれ

カフェ Imore

五叉路の交差点に建つ一軒家の玄関から、靴を脱いで店内へ。友達の家に遊びに来たよう…と思いきや、ふと見上げると、それまでのおうちカフェが一変。高い天井、階段を上るとソファー席、その上のフロアにカウンター席。最上階には小さなテーブル。半地下へ視線を落とすと、明るい店内が一変。アンバーなランプに浮かび上がるこぢんまりとしたテーブル席、奥には洋服売場。自宅カフェというより、まるでテーマパークのよう。

「20数年前から、いつかはカフェをやりたいと思っていました」と、店主の前﨑さん。三重県出身、名古屋に長く住んでいた関係で、店の看板は名古屋名物「あんかけスパ」と、三重の尾鷲から仕入れる干物を使った「おさかなランチ」。娘さんのサポートもあり、味噌汁の味噌まで自家製とあって、本格的な食事処の味わい。「いつかは都内に店を」。前﨑さんの情熱に、元気をもらった。

4

2

3

座る場所によって
違った雰囲気が楽しめる

1.青々と茂る観葉植物、ランプがオシャレ　2.100種類以上のカップ&ソーサーから好きなものをチョイス　3.前﨑さん親子セレクトの洋服も販売　4.カウンター席

1

専門店のような
本格メニュー

5.スパイシーな味わいがクセになる「あんかけスパ」にジャーサラダ、パン、スープ（本日は味噌汁）付き　6.しっとりシフォンケーキ、濃厚なガトーショコラなど内容は日替わり　7.「メインが選べるおまかせランチ」は体に優しい副菜がたっぷり

オーナーからひと言

「いもーれは奄美大島の方言で“いらっしゃいませ”。
モーニングからディナーまでお待ちしています」

7
メインが選べるおまかせランチ1540円～

6
ケーキセット803円

5
あんかけスパランチ1210円

information

フード　スイーツ　お酒　買い物

047-401-8936

住 船橋市大穴町636-2
営 10:00～18:00（17:30LO）
モーニング10:00～11:30
ランチ11:30～15:00（14:30LO）
土曜10:00～22:00（21:30LO）
（月・火・水・金曜は予約のみ夜営業）
休 木・日曜、祝日（臨時休業あり）
P 3台　煙 全席禁煙
交 新京成線「滝不動駅」より徒歩約12分

MENU

モーニングサービス（選べるドリンクに軽食付き）605円
おさかなランチ（サラダ・スープ付き）1210円
週替わりランチセット（サラダ・スープ付き）1210円～
チョコレートブレンドトースト（ドリンク付き）　803円
いもーれブレンド　495円
奄美大島黒糖焼酎　各770円

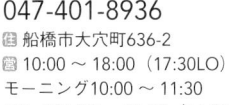

白壁と茶のインテリア、
ブルーの差し色がオシャレ

探し求めた紅茶で至福の時を住宅街の小さなティールーム

紅茶と焼菓子 TeaSpring

Koucha to Yakigashi ティースプリング

閑静な住宅街にある小さなティールーム。自宅を改装したとはいえ、白×青でコーディネートされた店内に、落ち着いた英国調の家具、香り高い紅茶と焼きたてのスコーン。ロンドンのティールームを訪れたよう。

「紅茶が好きで、イギリスをはじめたくさんのティールームに行きました。10年以上かけて理想的な紅茶や、その輸入元を探し、ようやくオープンできました」と、店主の外山さん。産地だけでなく、味や香りのバランスにもこだわって仕入れる紅茶は20種類ほど。「緑茶と同じように、同じ茶葉でも産地や季節によって異なるシングルオリジン（産地銘柄）紅茶を、味わっていただきたい」。

イギリスの伝統的なスコーンやケーキは、素材の味がストレートに伝わるからと、北海道産の小麦粉やバターなど食材を厳選。スコーンにはたっぷりのクロテッドクリームと、自家製のベリージャムが付く。ポットサービスの紅茶と一緒に堪能した。

ミルクティーに合う
茶葉をセレクト

2
ミルクティー（ケニア）550円
ヴィクトリアサンドイッチケーキ470円

1
好きな紅茶が選べるクリームティーセット1090円～

ティータイムを特別な時間に

1.プレーンスコーンに、好きなスコーンをひとつ選ぶ。イギリス「バーレイ」の茶器もステキ　2.「ミルクティーに合った茶葉を選んでいます」と外山さん。甘酸っぱい自家製ルバーブジャムをはさんだ伝統的なケーキと一緒に　3.スコーンは常時3～4種類

3

6

4

5

オーナーからひと言

「一杯一杯丁寧に淹れる紅茶と甘さを抑えた自家製の英国菓子をご用意しています」

DIY も織り交ぜてセンスあふれる空間

4.アイアンにしっくりなじむニャンコ。どこにいるか探してみて　5.CDラックを外山さん自ら紅茶棚にDIY　6.ニュアンスのあるブルーが印象的なタイルも自分で貼ったそう

information

フード　スイーツ　お酒　買い物

080-9568-6954
住 船橋市北本町1-18-10
営 11:00～17:00
休 水・木曜
P なし（近くにコインPあり）
煙 全席禁煙
交 JR「船橋駅」北口より徒歩約10分

紅茶がおいしくなる
ジャンピング！

イトーヨーカドー

MENU

スコーン3～4種　220円～

ケーキ（週替わり）450円前後

ウバ／ヌワラエリヤ／ディンブラ／
キャンディ／ルフナ他
各530円～

季節のオリジナルアレンジティー
各620円～

※コロナの状況により営業形態変更の場合あり

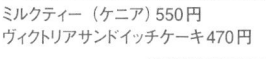

窓からの眺めがいい、
ランチ・ディナーをいただく部屋

自然に囲まれ、ナチュラルであることを大切にしたカフェ

自然の食卓

shizen no shokutaku

自分たちが行きたいと思う店を考えたら「安全な食材を使った手作り料理」「自然に囲まれた雰囲気」「自然体でくつろげる」の3つの要素が浮かんだというオーナーの柴山温行さん。3つの要素を大切に、22年前に自宅の1階を改造し、名前も「自然の食卓」とした。

国産・無農薬・添加物不使用にこだわり、体に優しい料理を作るのは奥様の美恵子さん。料理上手の美恵子さんの家庭的な味と、お客の年齢などを考えてする匙加減の思いやりが好評だ。料理を引き立てるのは、自然。四季折々を楽しめる庭に囲まれ、窓を開ければ季節の香りが風にのって運ばれてくる。

そしてくつろぎの空間。朝食はソファが置かれたカジュアルな部屋で、ランチ・ディナーはレストラン風の部屋で。テラス席はペットOK。くつろぎのお相手は様々なジャンルの本。赤ちゃんからお年寄りまでゆったりとした時間を過ごせる貴重な空間だ。

2

1

雰囲気が異なるくつろぎの空間

1.朝の陽光が気持ちいい、ソファーが置かれた部屋
2.自然に囲まれて過ごしたいなら、テラス席が。テラス席はペットOK
3.本は家のあちらこちらに置かれ、書斎のようなコーナーもある
4玄関では.素敵なイスが迎えてくれる

6

5

体に優しくておいしい料理やケーキ

5.写真はランチセット例／冬瓜のポタージュ、エコシュリンプときのこのクリームコロッケスペイン風、自家製パン、栗のロールケーキ、ハーブティー
6.カフェタイムセットはキッシュかケーキを選ぶ。写真は「栗のロールケーキ」(10月)

3

4

オーナーからひと言

「お好きな本を片手に窓からの季節の眺め、季節のケーキや料理でおくつろぎください」

information

フード　スイーツ　お酒　買い物

047-338-8920
住 市川市南大野2-21-16
営 ランチ11:30 ~ 13:30
カフェ 13:30 ~ 16:00
※コロナ禍で日曜モーニング、ディナーは休み、ランチ・カフェも時短営業。2022年ぐらいまでの予定。
休 日・月・火曜　P 3台　煙 全席禁煙
(テラス席は喫煙可)
交 JR武蔵野線「市川大野駅」より徒歩約15分

MENU

本日のランチセット
1000円、1400円、1800円
パスタセット　1600円
カフェ　750円
※料金は税別

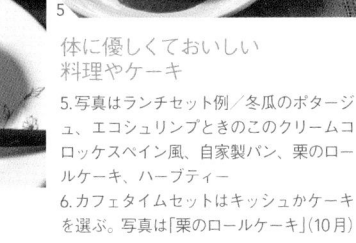

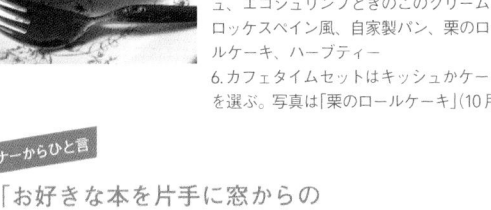

季節の花木に囲まれて
新鮮な野菜をたっぷり食す

Garten Café ぶ楽り

ガルテンカフェ Burari

木々や季節の花、ハーブの庭を巡ると、「ガルテンカフェ」に。まさに「ぶ楽り」という気分だ。店内に入ってもいいが、爽やかな季節なら外でのカフェをおすすめ。ガルテンカフェはこの自然の環境と、もうひとつうれしいウリがある。それは、蓼科と市川の自家農園（石井農園）から運ばれる新鮮な野菜たち。それがごちそうになる。例えば「いしい農園カレー」。トマト、ズッキーニ、ナス、カボチャなど季節の野菜が、カレーにプラスしてたっぷりとお皿を飾る。ピザも同様に、生地を隠すくらいの量の野菜が盛られる。新鮮野菜お目当ての女性客が多いのも納得。

ガルテンカフェを切り盛りするのは石井久美子さん。ご主人の石井一平さんは農家の14代目で、主に石井農園を運営し、新鮮な野菜を届ける。ふたりの連携プレーでお客は新鮮な野菜をたっぷりいただけるというわけだ。店内は16席。予約をすることをおすすめ。

4

1

3

2

1.千葉県の形に抜かれたご飯とたっぷりの野菜が特徴のカレー　2.明るい店内からも庭が望める　3.家族連れや女子会向きの席　4.野菜を使ったシフォンケーキも。写真は紅茶のシフォン。果物が添えられる

オーナーからひと言

「季節の風を感じながら、ゆっくりとした時間をお過ごしください」

自家製トマトジュースなどを販売

information

フード　スイーツ　お酒　買い物

047-375-4187
住 市川市国分4-3-23
営 12:00 ～ 16:00
(6 ～ 9月は～ 15:00)
休 火・水曜（6 ～ 9月は火・水・木曜）
P 8台
煙 全席禁煙（テラス席は喫煙可）
交 北総線「矢切駅」出口2より
徒歩約18分
※大人数のときは予約を

MENU

いしい農園カレー　1100円
ピザ　940円（S）
ピザトースト　830円
ケーキセット　990円
スコーンセット　770円
コーヒー、紅茶　各462円

古民家の梁や柱を生かし、モノトーンで統一された店内。環境保護に厳しいドイツの基準に適合した完全無公害塗料を使用

アツアツをいただく幸福感♡
オーブン料理専門の古民家カフェ

OVEN +

オーブンプラス

２０１７年11月にオーブン料理専門のカフェとしてオープン。ランチにお邪魔するとほぼ満席。男性のひとり客、ご婦人グループ、若い女性のふたり組と、幅広い世代の客がアツアツのオーブン料理をフウフウしながら、幸せそうに食べていた。

「焼菓子とコーヒーのお店にしたかったのですが、せっかくオーブンもあるし、おいしい料理を増やしていきたい」と、店主の小林さん。パティシエ、パン職人として就業した経歴を生かして、煮込み料理からドイツ風パンケーキまで、オーブンの魅力がつまったメニューが並ぶ。自身が衝撃を受けたというコーヒーやグラスワインも、お店の味に合うように吟味され、コーヒーは１杯ずつ丁寧にハンドドリップし、料理に使うローズマリーも自家栽培する。物腰柔らかな小林さんだが、実は骨太なマスターであり、料理人。古民家を改装した店内の太い梁を見上げながら、そんなふうに感じた。

2
彩野菜のオーブン焼き1500円

1
キャラメルバナナのダッチベイビー 1100円

オーナーの小林啓介さん

アツアツが最高！オーブン料理

1.濃厚でコクのあるバナナをキャラメルでソテーしたドイツ風パンケーキ
2.旬野菜を上質のオリーブオイルと塩で味付けしたシンプルなオーブン料理
3.トロ～リほろほろの食感が絶妙。お酒によく合う

3
牛すじの赤ワイン煮込み1100円

オーナーからひと言

「オーブン料理で
幸せにするカフェです。
暖かなひと時をお過ごしください」

5

4

こだわりがキラリと光る店内

4.古民家らしい落ち着いた個室もあり
5.小林さんが惚れ込む「マゴメコーヒープロジェクト」の豆を丁寧にハンドドリップ

information

047-778-4277
住 鎌ケ谷市東初富5-7-26
営 11:00 ～ 16:00
ディナー 18:00 ～ 22:00
休 水曜
P 14台
煙 全席禁煙（テラス席は喫煙可）
交 新京成線「鎌ヶ谷大仏駅」より徒歩約12分

MENU

ランチメニュー
- 牛スジ煮込みのスキレット焼き（サラダ、ドリンク付き）1680円
- 彩野菜のオーブン焼き（スープ、バゲット、ドリンク 付き）1780円

スペシャルコーヒー　450円
ハウスワイン　580円
本日のグラスワイン　650円

安心、安全、おいしい。
人に優しい食空間

organic CAMOO

オーガニック カムー

「おいしい水とオーガニック、安心で楽しいドリンク&フード」をコンセプトに、野菜から穀類、調味料まですべて完全オーガニックにこだわったカフェ。店長の伊藤さんは調理や接客をするかたわら、野菜ソムリエやプロフェッショナルハーブアドバイザーの資格も取得。さらにご家族やスタッフたちと自然農法の「カムー菜園」や「カムー田んぼ」で農作業までこなし、安心安全、しかもおいしい食材を提供する徹底ぶりだ。

店内にはオーガニック製品もあり、オリジナルブレンドのハーブティー（7種類）も人気。オーガニックといえば値段も高そうだが、10g300円と良心的。料理は自家栽培の有機野菜が中心だが、オーガニックチキンなどお肉もいただけるのが嬉しい。卵不使用で100%小麦粉のパスタや、玄米ごはんに旬の野菜たっぷりの「カムーカレー」など。希少なオーガニックのクリームチーズを使った体にいいスイーツも見逃せない。

「カムー田んぼ」で米作り

店長やスタッフ、カフェのお客さんとも一緒に作るおいしいお米をカフェで提供

1

ティラミス600円（ケーキセット900円）

オーナーからひと言

「CAMOOはアボリジニの言葉で“水”
生命力に満ちた食材をご提供しています」

3

ベイクドチーズケーキ600円

4

ハーブチキン1280円

2

カムーカレー 1100円

パワーあふれる食材をおいしく調理

1.オーガニックのクリームチーズを使用　2.旬の野菜を6～8種類も使用。＋100円でひき肉入りに　3.ケーキセットは900円　4.有機ハーブなどを使ったオリジナルのハーブソースに一晩以上漬け込み、じっくりグリル。オーガニックビールともよく合う

information

フード　スイーツ　お酒　買い物

047-389-9500

住 松戸市日暮1-10-5
営 11:00～21:00（要確認）
休 月曜
P 7台
煙 分煙
交 JR武蔵野線「新八柱駅」、新京成線「八柱駅」より徒歩約5分

MENU

ランチセット　1200円～
オムライス　1300円
アジアンごはん　1100円
ストロベリーバナナケーキ　500円
オーガニックコーヒー　400円
オリジナルブレンドハーブティー　500円

ランチのCセット（パスタ）1000円

おいしい、きれい、居心地がいい――
食事が充実しているカフエ

さくら cafe

sakura カフェ

白い壁に白木のテーブル、明るく清潔感溢れる雰囲気の店内。

厨房担当は東京で料理人とパティシエをやっていたおふたり。「料理は素材にこだわり、旬のものを取り入れたメニュー作りを心がけています」と。地元の有機野菜をメインに、米は知人が作る無農薬米と、素性がわかる安心安全な食材を使う。

食事メニューがランチからディナーまでとても充実している。ランチセットはA（野菜メイン）、B（お肉メイン）、C（パスタ）の3種類から選べ、ボリュームも満点なうえ、盛り付けが繊細でおしゃれだ。夜はアラカルトの他、季節のコースがあり、ゆったりとディナータイムを楽しめる（コースは2日前までに予約）。

パティシエが作るケーキも絶品。フルーツたっぷりの季節のタルトやパイ類などはテイクアウトも可。バースデーケーキなどのホールケーキもOKで、自分だけのスペシャルケーキの相談にも応じてくれる。

2
ランチBセット1200円

1
ランチAセット980円

ランチセットは 3 種類

1.2. ランチセットは隔週でメニューが変わる。この日は野菜がメインのAセットは「海老のジャンソース炒め」、肉がメインのBセットは「はりま鶏のロースト」。野菜、スープ、ご飯が付く

オーナーからひと言

「お客様の反応を即メニュー作りに活かす。小さなお店の良さですね」

4
特注の「ピーターラビットのケーキ」

3
美生柑のタルト550円

スイーツも堪能

3. 季節のタルトは人気。「美生柑のタルト」やリンゴの季節には「アップルパイ」が 4. ホールケーキの注文も受けている

information

ランチ　スイーツ　お酒　買い物

047-315-3200
住 松戸市六高台4-92-1
近鉄ハイツ六実102
営 木～日曜　11:00～15:00（14:00LO）
18:00～22:00（21:00LO）
月曜　11:00～15:00（14:00LO）
＊コロナ禍での営業時間は不定
休 火・水曜　P なし　煙 全席禁煙
交 東武野田線「六実駅」より徒歩約15分

MENU

ランチセット
Aセット（野菜メイン）980円
Bセット（肉メイン）1200円
Cセット（パスタ）1000円

季節のコース　3500円～
（2名から 2日前までに予約を）

各種ケーキ　450円～

珈琲、紅茶などのドリンク
400円～

上質なインテリアが醸し出すぬくもりの空間でこの道44年のコーヒーをいただく

アーティストに依頼したカウンターとテーブルが品格を添える

ストリーム・ヴァレー

Stream valley

凹凸のあるガラス窓から望む四季の景色は一段と趣があり、木と漆喰が醸し出すぬくもりのあるインテリアともしっくりと溶け込んでいる。「コーヒーを楽しんでいただくための空間です」と、オーナーの池田雅之さん自らがデザインした。

池田さんの淹れるコーヒーは「格別」と評判が高い。「舌の上に転がすときの食感、のどを通るときの食感。その流れ、ストリームを大切に考えています」。店名の「ストリーム」はここからきているという。「格別」なのはコーヒーだけではない。例えば、ココアは薄い・普通・濃いの3種類があり、クーベルチュールから作る。紅茶もハーブティーも究極を追求する。こだわりは飲み物だけでなく、手間を惜しまず作るカレーも絶品。

オープンして28年。川の流れのように自然体で、おいしいとぬくもりで訪れる客を包んできた。店名にはそんな意味も含まれているのではないだろうか。

おいしくいただくために演出された店内

1. 木のぬくもりとゆったり感溢れる店内
2. シックな雰囲気の個室風の一角も

2

1

オーナーからひと言

「お好きな時間にいらしてくつろいでください」

5

すべてに本物の味を追求

3. オリジナルブレンドのスパイスを使うカレー。カレーにはロイヤルミルクティーが合うとか
4. 豊潤なコクのブレンドコーヒー。スコーンは開店以来の定番
5. ネルドリップで丁寧に淹れる

4
スコーン270円　ブレンドコーヒー680円

3
えのきカレーセット（サラダ・ドリンク付き）1100円

information

フード　スイーツ　お酒　買い物

04-7164-4151

住 柏市柏1144-1
営 11:30～18:00（17:30LO）
ランチタイム11:30～14:30
休 木曜（祝日の場合は翌日）
P 3台
煙 全席禁煙
交 JR常磐線「北柏駅」南口より徒歩約13分

MENU

えのきカレーセット
（サラダ・ドリンク付き）1100円
チーズトーストセット
（サラダ・ドリンク付き）880円
（セットはランチタイムのみ）
手作りスコーン　270円
シフォンケーキ　320円
ブレンドコーヒー　680円
ロイヤルミルクティー　780円
ココア　780円～1100円

調度品が個性的空間を演出

デザインの異なるアンティークのテーブルとイス。砂糖入れもすべて異なり、そのセンスに惹かれる

ふらっと入ってみたくなるカフェ
非日常の空間を大切にデザイン

紅茶と食と台所　糸

Koucha to Shoku to Daidokoro Ito

里山のような景色の中に忽然と現れる黒い板張りの建物。旅する紅茶屋さんとしてケータリングをしていたとき知り会った方たちとのご縁の糸がつながって、野澤めいさんがオープン。だから店名は「糸」。「いと」という音の響きもいいから決めた。

糸にきたら日常を忘れ、一息ついてほしいと、窓を上につけ、裏が住宅街という生活感を遮断し、非日常空間を演出。テーブルや椅子、食器類はナチュラル感を大切に、野澤さんのセンスが光るコーディネートだ。

食にもこだわりをみせる。野菜は福岡うきは市や糸島市の農家から、ソーセージは福岡のリバーワイルド、平飼いの卵も福岡の農場から。縁で結ばれたものばかりだ。紅茶はスリランカ産が5種類に、ダージリンなど紅茶好きを満足させるチョイス。

ここのもうひとつの楽しみは、糸で結ばれた人たちの、展示やコンサート。糸ならではの豊かな時間を過ごしてほしい。

2
旬野菜と香菜春巻きプレート1100円

材料にこだわった料理

1.自家製の「スコーンプレート」 2.写真はある日のプレート。リーフサラダ+アルル塩、プチトマトマリネ、グリル野菜（人参、ズッキーニ、茄子）、コリンキーのココナッツサブジ、平飼いゆでたまご、祝島ひじきと香菜はるまき。山椒の醤油漬けをのせた無農薬コシヒカリのご飯とスープが付く

1
スコーンプレート495円

ティーポットやカップ

「台所からの発信」の一環として、ティーポットなどをブランディング

手にとってみたくなる小物たち

台所に関係する、縁で結ばれた作家の作品や食材を展示・販売

オーナーからひと言

「旬の紅茶とお食事でひと休みしていってください」

information

フード　スイーツ　お酒　買い物

0476-37-3022
住 印西市草深2484-6
営 11:00 ～ 16:00
休 不定休
P 5台
煙 全席禁煙
交 北総線「印西牧の原駅」より徒歩20分

MENU

季節のプレート
1100円～（ドリンクは一部100円引き）

スコーンプレート　495円

紅茶　660円～

ヨーロピアンスタイルの
落ち着いたインテリア

特別感はないが、落ち着いた
雰囲気に心癒される

CAFE NOAH

カフェノア

「スタイリッシュ」「おしゃれ」という言葉が飛び交う、今風カフェとは一線を画する、静かな落ち着いた雰囲気に包まれるカフェ。最初はお嬢さんが中心となり始めたが、やがて、お母さんとお兄さんが加わり、田中さん親子3人のカフェになった。「手作りハンバーグ」や「豚肉のオニオンソース」などの料理担当はお兄さん。サンドイッチとドリンク、サービスはお母さんとお嬢さんが担当。

この日撮影したのは田中さん手作りのサンドイッチ。パンは天然酵母、野菜はこだわりの野菜作りをする農家から直送。作り方にもコツがあるのだろう。一見普通だが、食べると違いがわかる。おいしい！

「ひとりでは入りにくかったけど、また来ます」と、ファンになるお客がいることにも納得。田中さんのさりげない接客も、居心地よくしているのだろう。職場や家の近くにあったら嬉しい、「ＮＯＡＨ」はそんなカフェだ。

素材を吟味して作る

パンと野菜にはこだわって作られる「サンドイッチ」。紅茶の茶葉はスリランカの専門家から特別に仕入れている。紅茶はポットサービス

日替わりサンドイッチセット850円

3

4

オーナーからひと言

「料理にはおいしく食べて
いただける工夫を少ししています。
ゆっくりと過ごしていただけると嬉しいですね」

2

1

1.自宅にいるような感じをいだく
2.テーブルに置かれる様々な花木にも心癒される
3.店外にあるパーゴラの下でティータイムもいい
4.陽光が差し込む、明るいふたり席

information

カフェ　スイーツ　お酒　買い物

0476-46-7678
住 印西市草深46-4
営 10:00 ～ 17:00
ランチタイム11:30 ～ 14:00
休 月曜、月末の日曜
P 6台
煙 全席禁煙
交 北総線「千葉ニュータウン中央駅」北口より徒歩約30分

MENU

豚肉のオニオンソース　980円
手作りハンバーグ　1020円
天然酵母の日替わりサンドイッチセット　850円（以上ランチメニューはドリンク付き）
ケーキセット　630円(ケーキはシフォンケーキなど3種類から選ぶ)
紅茶　440円（ポット）
コーヒー　390円

友人・知人が持ち寄ったものが飾られ、古き良きアメリカのバーの雰囲気を彷彿とさせる空間。オーナーの長谷川さん

大人が集い、楽しむ…。非日常空間はおもちゃ箱のよう

CAFE GARDEN HASEGAWA

カフェ ガーデン ハセガワ

大人が集い楽しむ空間。オーナーの長谷川さんとひとことふたこと言葉を交わしたとき、そう感じた。「仲間が集まり、テラスでバーベキューを始めたのがこの店のはじまりで、6年前のこと。みんなここに来れば誰かに会えると思ってやってくる」。最近は外国人も多く、常連になるそう。緑あふれるテラスは手賀沼に面し、夏の花火のときは最高の観覧席になる。囲炉裏が組まれた部屋、西部劇に出てきそうなバーカウンターもあり、楽しめる舞台装置だ。

オープン当時の料理担当者がタイの人で、タイ料理を出していた流れで、長谷川さんが料理をやるようになった今も、タイ風のメニューが残る。「お客様の要望を聞いているうちメニューも増えました。最近はふわふわのスフレパンケーキ、アイスクリームののった5段パンケーキなどが人気です」。ジュークボックスやラジオからジャズの音楽が流れ、やはりここは大人たちの非日常空間だ。

1

雰囲気の異なる4つの空間

1.木の重厚感とぬくもりを感じる、メインの店内
2.手賀沼に面しているテラス。緑に包まれ気持ちがいい。夏の花火にはここが最高の観覧席に
3.4.囲炉裏もある時代を感じさせる田舎家風の部屋。樹木に隠れるようにある専用の玄関
この他にも本が置かれた和室もある

オーナーからひと言

「好きな場所で、好きなように過ごし、楽しんでください」

4

隠れ家的離れの見つかるかな?

3

2

手作りハンバーグ（サラダ・スープ付き）1200円

5

料理はマスター手作り

5.野菜もたっぷり付いてボリューム満点の「手作りハンバーグ」
6.人気の「スフレパンケーキ」

6

スフレパンケーキ（Wサイズ）
単品800円、ドリンクセット1050円

information

04-7184-3970
住 我孫子市若松126-4
営 11:30 ～ 17:00
休 火・水曜（祝日の場合は翌日）
P なし
煙 全席禁煙（テラス席はペット可）
交 JR常磐線「我孫子駅」より徒歩約20分

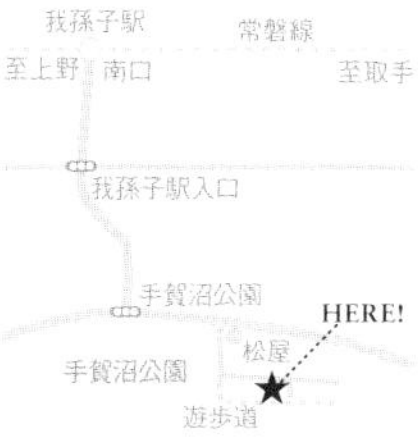

MENU

手作りハンバーグ　1200円
グリーンカレー　1050円
ガパオライス　1050円
ナポリタン　1050円
（上記メニューはサラダ・スープ付き）
コーヒー　450円
ワイン、ビールなど　500円～

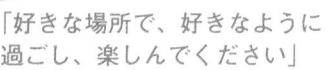

生いちごミルク1023円
いちごシロップは地元のいちごを使った自家製

ヤキイモセット935円
写真のお芋は栗小金。さっぱりとした甘みが特徴

厳選した「氷」と「お芋」が客の心をつかむ

吉岡茶房

Yoshioka sabou

夏は「かき氷」、秋・冬は「焼き芋」と主人公が入れ替わり、どちらにも一家言持つのが、オーナーの吉岡さん。まず、「かき氷」。入手困難といわれる氷のブランド「四代目徳次郎」の氷を使用。日光の湧水を使い、池で自然に凍らせるという１００年前と同じ製法で作っている徳次郎の氷はミネラルを多く含み、口溶けが優しい。「最高の氷を生かすには、氷の扱い方や削るテクニックがポイントです」と吉岡さん。かきあがった氷は、器の底から20㎝ほどの高さになる。

秋に登場の「焼き芋」にもこだわりが。熟成度合をみて、その時期に一番美味な品種を厳選。じっくりと火をいれることで、しっとりとしてかつ甘味の強い焼き芋が出来るので、手間はかかるが石で焼く。

お芋は一軒の農家、氷は四代目徳次郎と、その作り手にほれ込み、吉岡さん自身もプロとして、「作り手の心を伝えていくことを大切にしたい」という。

1

冬はストーブの優しい温もりが

テーブル席が4つにカウンター席と、そう広くはない店内だが、冬には薪のストーブが焚かれ、優しいぬくもりに包まれる。焼き芋はテイクアウトする客も多い

作られる氷の量が決まっているので、今や、貴重になっている「四代目徳次郎」の氷。使える店は、千葉ではここ一軒

3

コーヒーにもこだわる

希少性が高い、小粒で丸い「ピーベリー」を使用する日本初ピーベリー豆専門店

2

削るテクニックも大切

最高の氷を最高の味で提供するには、氷を削るときの氷の温度が大切

オーナーからひと言

「本物の最高の味を召し上がってください」

information

カフェ　スイーツ　お酒　買い物

04-7107-0800
住 我孫子市若松170-4
営 11:00～18:00（17:30LO）
休 月曜（祝日の場合は翌日）
P なし
煙 全席禁煙
交 JR常磐線「我孫子駅」より徒歩約22分

MENU

かき氷　650円～
（生いちごミルク、抹茶、紅茶シロップ、黒蜜などに季節限定シロップもある）

ヤキイモセット　935円
おまかせ袋（テイクアウト）　750円

本日のコーヒー　550円

ふんわりと人を包むニットのような
自由で温かな寛ぎ空間

KUPU KNIT STUDIO AND CAFÉ

クプ ニット スタジオ アンド カフェ

ブルーグレーや赤紫など、ニュアンスのある色使いと、編み図を使わず、自由な発想でニットや布のオリジナル雑貨を作るニット作家すずきよりこさんのカフェ。

入口にすずきさんのブランド「kupu」の作品が並び、その奥がカフェスペース。アンティークのイスやテーブルが置かれた小さな空間は、温かなニットのケープやバッグに囲まれ、まるでアトリエのような雰囲気。店は編み物教室も兼ねており、毎週木曜11時と土曜14時から3時間ほど開催。予約不要で、誰でも気軽に参加できる（お茶・お菓子付きで3000円＋材料費）。カフェでは黙々と編み物をする人、食事をする人、ゆったりコーヒーを楽しむ人など、思い思いにくつろげるのが魅力だ。

食事はすずきさんが手作りするスパイシーな本格カレーに、ボリュームたっぷりのサンドイッチ。フレンチプレスで抽出するオリジナルブレンドのコーヒーにもよく合う。

3

2

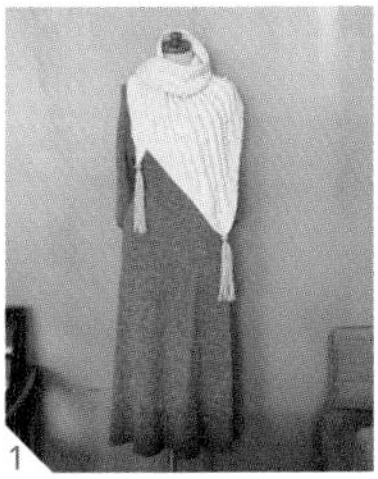
1

ニット作品の販売もあり

1.トライアングルストールとグリーンのワンピ 2.スモッキングベストとピンクのワンピ 3.雑貨もオシャレ 4.ハンドウォーマー 5.ニット帽とベレー帽

5

4

オーナーからひと言

「手仕事の楽しさを知っていただける、ワークショップも開催しています」

食事も大切な手仕事

6.具だくさんサンドイッチ。フレンチプレスで2杯分あるコーヒーや紅茶は食事とセットで100円引き
7.ココナッツミルクのまろやかさと6種類のスパイスが絶妙。エビと野菜がたっぷり

7
エビカレー（イカのマリネ付き）900円

6
ローストポークのサンドイッチ（イカのマリネ付き）800円

information

フード　スイーツ　お酒　買い物

0471-82-5510
住 我孫子市天王台6-17-28-101
営 11:00 ～ 18:00
休 水・日曜、祝日
P 1台
煙 全席禁煙
交 JR常磐線「天王台駅」より徒歩約7分

MENU

エビカレー（イカのマリネ付き） 900円
ローストポークのサンドイッチ（イカのマリネ付き）800円
焼き菓子　230円～
オリジナルブレンドコーヒー　500円
オリジナル紅茶　500円

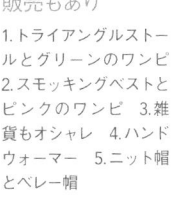

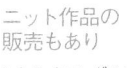

春にはピンクに、
初夏には一面緑に…

四季の表情を愛でながら
オリジナルの味を楽しむ

CAFÉ MEZZO PASSO
カフェ メゾパッソ

春には桃の花、夏には爽やかな緑、秋は紅葉と、季節を愛でながらランチ&ティータイム。こんな贅沢な時間を味わってほしいと、花木を活かして庭を広くとり、建物は山小屋風デザインにしたという西村有司さん。敷地内にギャラリーもある。

店名のメゾパッソは、「イタリア語で半歩の意味。家庭より半歩先、リストランテより半歩後ろを行くという意味」だが、メゾパッソの味は、しっかりと支持されている。人気の「BLTサンド」は、松戸の有名店のパンを使い、具もたっぷり。ランチメニューは「週替わりプレートランチ」、「牛のタタキランチ」、「BLTサンド」の3種類。カフェラテやコーヒーのカップは作家ものやブランドものが主で、シンプルなインテリアのアクセントにもなりお洒落だ。

大きなガラス窓からは燦々と陽が入り込み、子供たちは芝生の庭で戯れる。そんなかけがえのない気持ちのいい時間が過ぎていく。

お洒落なコーナー

オーナーからひと言

「お子様は庭で遊んでください。
とても気持ちがいいですよ」

一面のガラス張り。自然を満喫

1.部屋は庭に面して一面のガラス張り。陽射が気持ちいい　2.個室のようなコーナーもある

ケーキセット790円

器のセンスをまず味わって

3.自慢のシフォンケーキは数種類の味が　4.玉子焼き、ベーコンに野菜がたっぷりのBLTサンド。ヨーグルトとドリンク付き　5.エスプレッソマシンで本格的に淹れたカフェラテとキャラメルマキアート

キャラメルマキアート、カフェラテ各480円

BLTサンド1100円

information

フード　スイーツ　お酒　買い物

04-7128-4029
住 野田市山崎745-8
営 11:00 ～ 18:00（17:45LO）
ランチ11:30 ～ 14:00
休 日・月曜
P 8台
煙 全席禁煙（テラス席は喫煙可）
交 東武野田線「運河駅」より
徒歩約15分

器も販売

MENU

週替わりプレートランチ　1580円
牛のタタキランチ　1170円
BLTサンド　1100円
（ヨーグルト・コーヒーor紅茶付き）
ケーキセット　790円
カフェアメリカーノ、カフェラテなどのコーヒーメニュー　480円
ソフトドリンクメニューは豊富

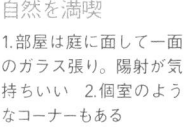

index

索引

A／ 本を揃えている books
B／ 一軒家カフェ house cafe
C／ ギャラリー＆雑貨 gallery&goods
D／ 庭が素敵 garden
E／ 建物がユニーク building

A／本を揃えている

books

B/ 一軒家カフェ

house cafe

P016

Cafe GROVE

P018

珈琲道 えどもんず

P020

Cafe& ガラス工房
海遊魚

P030

ストロベリーポット

P032

Sand CAFÉ

P036

Banzai Cafe

P038

Emi cafe&restaurant
ICHINOMIYA

P040

KUSA. 喫茶 自家焙煎
COFFEE+PAN.

P052

Café のっぽ 141

P054

のうえんカフェ

P056

ドリプレ CAFE

P058

grass-B

P060

free style furniture
DEW

P062

Rice Terrace Cafe

P064

里山カフェ&ゲストハウス
sou

P066

コーヒーくろねこ舎

P082

cobuke coffee

P086

Garden Salon

P090

Cafe 螢明舎 谷津店

P092

Cafe 279

P094

cafe いもーれ

P096

紅茶と焼菓子
TeaSpring

P098

自然の食卓

P100

Garten Café ぶ楽り

P110

紅茶と食と台所 糸

P112

CAFE NOAH

P114

CAFE GARDEN
HASEGAWA

P120

CAFÉ MEZZO
PASSO

ギャラリー&雑貨

gallery & goods

D 庭が素敵

garden

P016

Cafe GROVE

P056

ドリプレ CAFE

P064

里山カフェ&ゲストハウス sou

P086

Garden Salon

P098

自然の食卓

P120

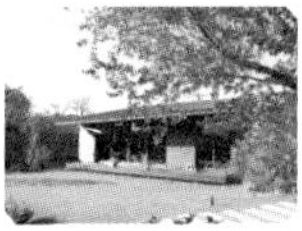

CAFÉ MEZZO PASSO

E 建物がユニーク

building

特徴がある

P016

Cafe GROVE

P020

Cafe& ガラス工房 海遊魚

P028

シラハマ校舎 バルデルマル

P040

KUSA. 喫茶 自家焙煎 COFFEE+PAN.

P058

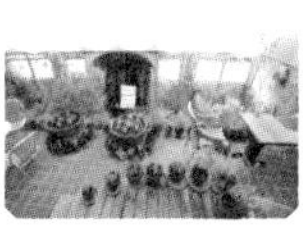

grass-B

P060

free style furniture DEW

P082

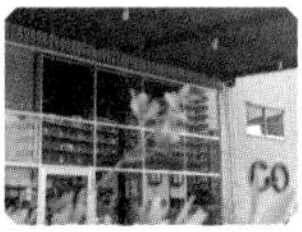

cobuke coffee

古民家

P018

珈琲道 えどもんず

P052

Café のっぽ 141

P066

コーヒーくろねこ舎

P102

OVEN +

本書の使い方

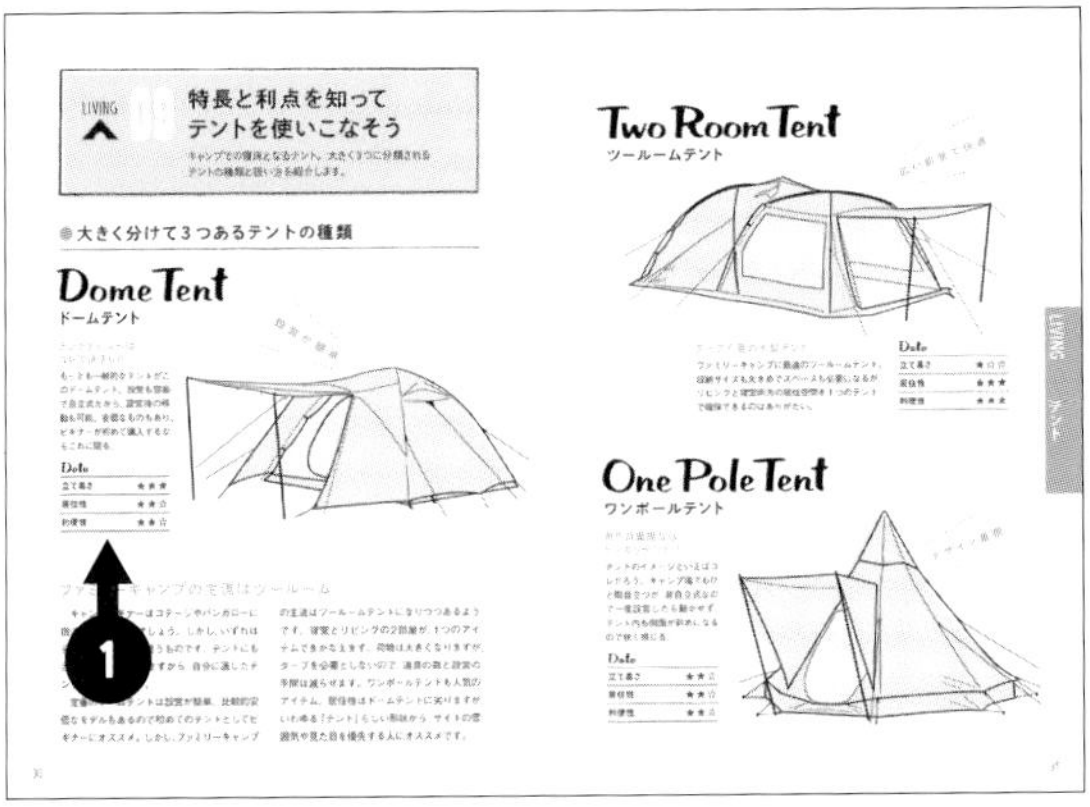

❶データ

目安で解説する
あなたとギアの相性

立て易さや利便性など、各ギアの特徴を三段階評価。どのギアが自分に適しているかがわかります。

❷アドバイス

プラスアルファの
アドバイスを

キャンプ時、ギア使用時の正しい使い方からさらに効果的な方法まで、的確なアドバイスとともに解説します。

❸各部位の名称

名前を覚えれば
理解も深まる

テントやタープの設営時、各部位の名称を理解しておくと、設営がとってもスムーズに行えます。

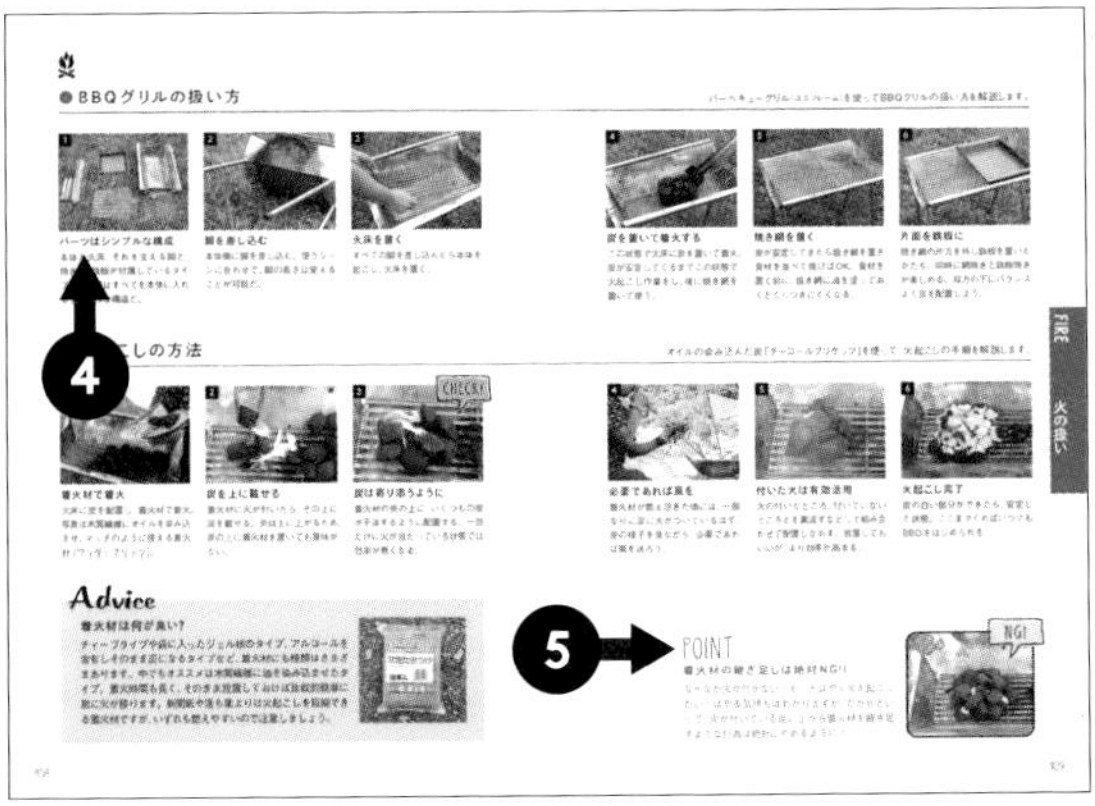

❹プロセス

流れで覚えれば
誰でも簡単！

説明書がなかったり輸入モノでは英語表記だったりもするキャンプギア。流れを追ってその使い方を理解しましょう。

❺ポイント

大事なことは
忘れないように

キャンプではちょっとしたことで危険な事故につながることも。きちんと覚えて安心安全に楽しみましょう。

PART 1

Study

キャンプの基礎知識

計画の立て方、キャンプ場の選び方など、
実際に行く前に事前に準備しておきたいことから、
テントサイトの設営方法やマナーまで、
おさえておきたい基礎知識を解説します。
キャンプ場に着いてから慌てることのないように、
ここでしっかりとイメージしておくことが大切です。

Shopname index 店名別 インデックス

Staff

取材・編集
森下 圭　Kei Morishita
松崎みどり　Midori Matsuzaki

撮影
武井優美　Yumi Takei
酒井一郎　Ichiro Sakai（P092〜097、P102・103）

Design & DTP
熊谷昭典　Akinori Kumagai
宇江喜桜　Sakura Ueki

御礼後記
本書の制作に際しては、ご紹介しました各店の皆様より多大なご協力をいただきました。末尾ながら、心より御礼申し上げます。

千葉 カフェ日和 ときめくお店案内　改訂版

2021年9月20日　第1版・第1刷発行

著　者　オフィス・クリオ
発行者　株式会社メイツユニバーサルコンテンツ
　　　　代表者　三渡 治
　　　　〒102-0093 東京都千代田区平河町一丁目 1-8
印　刷　株式会社厚徳社

ISBN978-4-7804-2527-7 C2026 Printed in Japan.

ご意見・ご感想はホームページから承っております
ウェブサイト　https://www.mates-publishing.co.jp/

編集長：堀明研斗　企画担当：折居かおる／清岡香奈

※本書は2018年発行の『千葉　カフェ日和　ときめくお店案内』を元に情報更新・一部必要な修正を行い、改訂版として新たに発行したものです。